Tom und JoAnn Doyle
Greg Webster

# Aufbruch in die Freiheit

Frauen in der islamischen Welt begegnen Jesus

Brunnen Verlag / Open Doors

Die amerikanische Originalausgabe erschien unter dem Titel:
„Women who risk – Secret Agents for Jesus in the Muslim World"
In Nashville, Tennessee bei Thomas Nelson, bei W Publishing Group,
einem Imprint von Thomas Nelson
Die Lizenzausgabe wurde veröffentlicht aufgrund einer Vereinbarung mit
Thomas Nelson in der Verlagsgruppe HarperCollins Christian Publishing, Inc.

Deutsch von Dr. Friedemann Lux



MIX
Papier | Fördert gute Waldnutzung
FSC® C014496

5. Auflage 2025


www.brunnen-verlag.de
Lektorat: Stefan Loß
Umschlagfotos: Adobe Stock
Umschlaggestaltung: Jonathan Maul
Druck: GGP Media GmbH, Pößneck
Gedruckt in Deutschland
ISBN Buch 978-3-7655-3746-2
ISBN E-Book 978-3-7655-7629-4

*Wir widmen dieses Buch in Liebe all denen,*
*die ein Leben im Schatten geführt haben,*
*die sich vergessen, übersehen, überhört gefühlt haben.*
*Der, der euch erschaffen hat, sieht euch und liebt euch*
*von ganzem Herzen.*
*Sein Name ist Jesus.*
*Ihr seid nicht vergessen.*
*Wir widmen dieses Buch denen, die in Jesus allein Erlösung*
*gefunden haben*
*und ein Leben in Gefahr leben.*
*Ihr habt den Preis bedacht und alles riskiert.*
*Ihr habt es richtig gemacht, denn Er allein ist würdig.*

Aus meinem Mund wird man hören, wie du deine Treue erweist,
den ganzen Tag will ich davon reden, dass du Rettung schenkst.
Ich kann gar nicht mehr zählen, wie oft du schon geholfen hast!
Ich will zum Heiligtum kommen,
um die mächtigen Taten Gottes, des HERRN, zu verkünden.
Deine Treue will ich preisen, dich allein will ich rühmen.
Psalm 71,15-16 (NGÜ)

# Inhaltsverzeichnis

# Eine unaufhaltsame Kraft

Die offensichtlichste Bedrohung für die Menschen im Nahen Osten ist der Terrorismus. Doch seit Kurzem gibt es eine neue Bedrohung – eine, die den Menschen noch mehr Angst einjagt als der Terrorismus.

Diese Bedrohung heißt *Veränderung*.

Der Prozess der Veränderung kann einerseits alte Gegner wie Saudi-Arabien und Israel zusammenführen, weil sie in Iran einen gemeinsamen Feind haben. Aber es kann auch vorkommen, dass eine ganze Religion durch Veränderung bedroht ist, weil sie auf ihren innersten Kern abzielt.

Die Frauenrechtskonvention der Vereinten Nationen (CEDAW) wurde im Jahr 1979 verabschiedet. Das ist jetzt eine ganze Weile her. Aber die Umsetzung dieser Konvention in den Ländern des Nahen Ostens steht auf einem anderen Blatt. Noch vierzig Jahre später, im Dezember 2019, bezeichneten mehrere einflussreiche Familienclans in der West Bank sie als unvereinbar mit der islamischen Religion. Sie würde zu vieles verändern.

Und so ist und bleibt die große Frage: Werden die Frauen im islamisch dominierten Nahen Osten jemals ihre vollen Menschenrechte bekommen?

Jesus hat diese Frage mit einem eindeutigen *Ja* beantwortet. Das könnte auch der Grund dafür sein, dass zur Zeit so viele muslimische

Frauen zu ihm finden wie noch nie zuvor. Wir glauben, dass Gott möchte, dass wir seine wunderbaren, fantastisch anmutenden, aber trotzdem wahren Geschichten von der Jesusbewegung im Nahen Osten den Christen in der ganzen Welt weitererzählen.

Die Reaktionen auf meine letzten drei Bücher lassen JoAnn und mich immer wieder staunen. Aber erst, nachdem wir in jedem Land des Nahen Ostens gearbeitet hatten, erkannten wir den dringenden Bedarf für das Buch, das Sie jetzt in Händen halten.

JoAnn hat mich von Anfang an in dieser Arbeit begleitet. Es berührt uns immer wieder, wenn wir Menschen begegnen, die uns sagen: „Ihre Geschichten haben mein Leben verändert." Die Menschen, über die wir schreiben, sind reale Personen. Und wenn das Lesen ihrer Geschichten Ihr Leben verändert, hat das wahrscheinlich etwas damit zu tun, dass das *Schreiben* dieser Geschichten *unser* Leben verändert hat. Dieses Buch ist das erste, das JoAnn und ich offiziell gemeinsam schreiben. Sie ist immer schon an meiner Seite gewesen, aber jetzt hören Sie zum ersten Mal ihre Stimme und erleben ihre Perspektive.

Ich habe miterlebt, wie Gott JoAnn darauf vorbereitete, muslimischen Frauen im Nahen Osten das Licht Jesu zu bringen. Anfangs war sie zögerlich. Sie fühlte zwar mit diesen Frauen mit, aber die Angst war zunächst einmal stärker und verhinderte ein stärkeres Engagement. Glauben Sie mir: JoAnn kann es gut verstehen, wenn Ihnen der Gedanke, Muslime zu missionieren, Angst macht.

Aber wenn Gott uns einen Ruf gibt, dann sorgt er auch für die nötige Vorbereitung.

Gott hat JoAnn zu einer erstaunlich furchtlosen Frau gemacht, selbst in den gefährlichsten Situationen in der Welt des Islam. Es war wirklich spannend, ihre Verwandlung mitzuerleben. Wo wir auch gehen und stehen, kommt sie durch ihre italienische, kontaktfreudige, liebevolle und entwaffnende Art bestens bei den Menschen an.

Wie Anne Graham Lotz, die Tochter von Billy Graham, mir einmal sagte: „JoAnn ist eine kleine Frau, aber für Jesus ist sie eine Stange Dynamit!" Ganz meine Meinung.

## Ein Wort von JoAnn

Tom hatte schon immer ein riesengroßes Herz für Menschen, die Jesus nicht kennen. Und er ist schon immer der geborene Abenteurer gewesen. Zusammen mit seiner unkomplizierten, gewinnenden Art macht ihn das zu einem geistlichen Pionier, der an Orte geht, wohin sich niemand sonst traut.

Nach den „9/11"-Terroranschlägen in New York im Jahr 2001 öffnete Toms erste Reise in den Gazastreifen seine Augen neu für die ungeheure geistliche Not der Muslime. Nachdem er den Menschen dort begegnet war, spürte Tom eine persönliche Berufung, sie mit dem Evangelium zu erreichen. Dass ich an seiner Seite diesen lieben Menschen die Liebe Christi bringen durfte, hat mich zu einem anderen Menschen gemacht. In seinen Büchern lässt Tom das von seinem irischen Vater geerbte Erzähltalent weiterleben. Dieses Buch ist keine Ausnahme – es sei denn, Sie entdecken hier und da einen eher „femininen" Gedanken oder einen besonders blumigen Ausdruck; der stammt dann wahrscheinlich von mir.

## Zurück zu den Büchern

Im Jahre 2012 schrieb ich (Tom) das Buch *Träume und Visionen: Wie Muslime heute Jesus erfahren.* In diesem Buch nahmen wir Sie mit auf eine Reise durch den Nahen Osten, um Sie mit ehemaligen Muslimen bekannt zu machen, die in Träumen und Visionen Jesus erlebt hatten: Sie kamen nicht zur Ruhe, bis sie die Botschaft Jesu verstanden. Sie begannen, heimlich die Bibel zu lesen, oder suchten den Kontakt zu Christen, um das Evangelium von Tod und Auferstehung Jesu kennenzulernen. Die Bekehrungserlebnisse der 25 Menschen, die wir in dem Buch vorstellten, waren ein Weckruf für viele Leser im Westen. Bis dahin hatten sie keine Ahnung davon gehabt, dass es Muslime gab, die zum Glauben an Jesus Christus kamen.

Im nächsten Buch, *Im Angesicht des Todes: Der Mut verfolgter Christen im Nahen Osten*, stellten wir Ihnen frischbekehrte Christen vor, die bereit waren, für Jesus zu sterben. Viele von ihnen gingen tatsächlich in den Tod und warten jetzt im Himmel auf ihre Märtyrerkronen. Wir konfrontierten Sie in diesem Buch auch mit den beiden Fragen, die wir Muslimen im Nahen Osten stellen, um zu prüfen, ob sie reif dafür sind, Jesus als ihren Herrn anzunehmen:

- Bist du bereit, für Jesus zu leiden?
- Bist du bereit, für Jesus zu sterben?

Da Jesus selbst gesagt hat, dass Christen damit rechnen müssen, für ihn zu leiden, denken wir, dass jeder Christ sich diesen Fragen immer wieder stellen sollte – egal, wo er lebt. Wir kommen mit Menschen aus den USA, Südamerika, Europa, dem Nahen Osten und Asien zusammen, die sich diese Fragen jeden Tag stellen.

Das nächste Buch trug den Titel: *Im Sturm der Verfolgung: Sie erleben Gottes Kraft – Christen im Nahen Osten*. Darin stellten wir Ihnen Menschen vor, die in der Erwartung lebten, ebenfalls bald die Märtyrerkrone zu tragen. Aber wunderbarerweise starb kein Einziger von ihnen, und sie sind alle heute noch am Leben. Diese Männer und Frauen leben in einer modernen Version des Feuerofens aus dem biblischen Buch Daniel: Sie sind umgeben von muslimischen Terroristen, aber Gott hat sie unbesiegbar gemacht. Bis er sie in den Himmel ruft, werden sie weiterhin ohne Hemmungen anderen erzählen, wer Jesus ist, und sie zum Glauben führen, egal, wie groß die Gefahr ist.

Was uns zurück zu diesem Buch bringt. *Aufbruch in die Freiheit: Frauen in der islamischen Welt begegnen Jesus* möchte Ihnen einige neue Freunde vorstellen. Sie lernen ehemals muslimische Frauen kennen, die in einem gefährlichen Umfeld leben, aber über den Gefahren stehen, getrost in Christus und voller Zukunftshoffnung. Da sie aus praktizierenden muslimischen Familien kommen, mussten sie noch vor ihrer Bekehrung die Frage klären: Bin ich bereit, für Jesus zu sterben? Um sie zu schützen, haben wir ihre Namen und gewisse Details geändert, aber jede der Geschichten ist authentisch.

Für diese Frauen ist das ultimative Risiko der Tod. Doch selbst im Leben sind sie mit einem Alptraum konfrontiert, dem schlimmsten Alptraum einer Mutter: Werde ich meine Kinder verlieren? Aber sie haben alle ihr Kreuz auf sich genommen (nach Matthäus 16,24) und sind vorbildliche Nachfolgerinnen Christi. Jede von ihnen ist eine moderne Ester, die Gott genau in die Situation gestellt hat, wo sie sich befindet. Jede hat den gleichen Auftrag: andere zu Christus zu führen, angefangen bei ihren eigenen Familien.

Alle diese Glaubensheldinnen leben in muslimisch beherrschten Ländern, in denen ihre Rechte eingeschränkt sind, weil sie Frauen sind. Und ihre strikt muslimischen, oft sogar fundamentalistischen Verwandten beschneiden ihre Rechte noch mehr.

Doch Gott hat den Frauen eine Gabe gegeben, die keine Verwandtschaft, keine Regierung, keine Religion ihnen nehmen kann. Sie sind die *geistlichen Torwächter* ihrer Familien. Gleichgültig, welcher Religion sie folgt – und ob sie überhaupt eine hat –, der religiöse Einfluss der Frau auf ihre Familie ist eine natürliche Folge dessen, wozu Gott sie erschaffen hat. Er hat ihr dementsprechend eine ganz besondere Rolle beim Bau seines Reiches gegeben.

Wenn der Vater das *Haupt* der Familie ist, dann ist die Mutter ihr *Herz*. In einer religiösen muslimischen Familie gibt es fast immer eine starke muslimische Mutter. Bedenkt man, wie wenig Rechte der Islam den Frauen einräumt, sollte man eher das Gegenteil erwarten, aber dem ist nicht so.

Ein ehemaliger Imam erklärte uns: „Es war nicht *meine* Aufgabe, unseren Kindern den islamischen Glauben zu vermitteln. Ich las den Koran, betete fünf Mal am Tag und ging freitags in die Moschee. Für alles andere war meine Frau zuständig. Sie war es, die die Kinder religiös unterrichtete und sie zu guten Muslimen erzog. Das war *ihr* Job, nicht meiner."

## Bei der Schöpfung

Jesus ist gekommen, um die Frauen zu befreien und ihnen ihren biblischen Ehrenplatz zurückzugeben, aber der Teufel will das genaue Gegenteil. Er will die Frauen versklaven, unterdrücken, kontrollieren. Seit dem Garten Eden hat der Satan etwas gegen Frauen. Es war seine Begegnung mit Eva, die zu Gottes Verdammungsurteil gegen ihn führte; und durch eine zweite Frau – Maria –, die den Messias gebar, hat Gott das Schicksal des Satans in alle Ewigkeit besiegelt.

Schon im 3. Kapitel der Bibel startete der Teufel seinen großen Angriff auf die Frauen. Heute ist er, der große Zerstörer, immer noch am Werk. Eine seiner schärfsten Waffen im Kampf gegen die Frauen von heute ist die Religion des Islam und dort vor allem die Praxis der Scharia. Sexuelle Ausbeutung, Zwangsehen, Kinderbräute, sexuelle Belästigung, Vergewaltigung, Inzest und Genitalverstümmelung sind nur einige der Verbrechen an Frauen, die in muslimischen Gesellschaften geschehen.

Die am meisten übersehene, marginalisierte und missbrauchte Person in der islamischen Religion lebt hinter einem Schleier. Die Geschichte des Islam ist voll von Misshandlung, Grausamkeit und Entrechtung der Frauen.

Nein, wir behaupten nicht, dass *alle* muslimischen Männer Frauen schlecht behandeln oder dass *jede* muslimische Frau solch ein Leben durchmachen muss. Aber wo die Scharia praktiziert wird, sind Frauen Menschen zweiter Klasse. Selbst nicht muslimische Frauen sind Freiwild, die von Zwangsbekehrung und der anschließenden Zwangsehe bedroht sind.

Und was ist mit muslimischen Frauen, die ihr Leben Jesus übergeben und den Islam verlassen? Bei ihnen ist ein plötzlicher Tod nie auszuschließen. Wer wäre in dieser Situation so unvorsichtig, Christus anzunehmen und dies anschließend auch noch anderen Menschen zu verraten? Aber genau das tun heute erstaunlich viele Frauen aus muslimischen Familien.

## Auftrag des Himmels

Jesus hat einen Plan. Er will Seelen retten.

In der Johannesoffenbarung lesen wir, dass eines Tages alle Völker der Welt den großen Generalaufstand gegen Gott starten werden. Doch bis dahin befindet Jesus sich auf einer göttlichen Rettungsmission. Weil für ihn *jede einzelne Seele wichtig ist.*

Während seines irdischen Wirkens ging Jesus hinaus zu denen, die ignoriert und verachtet waren und mit denen niemand etwas zu tun haben wollte. Wo er ging und stand, schockierte er die Leute, weil er die religiöse Elite links liegen ließ und sich mit den „Niemanden" abgab – von dem besessenen Mann über die Frau am Jakobsbrunnen und die zehn Aussätzigen bis zu den Zöllnern und Sündern.

Der Messias stieß nicht nur die Tische der Geldwechsler im Tempel um, er warf die ganze damalige Gesellschaftsordnung zum Fenster hinaus. Und nach unserer jahrelangen Arbeit in der muslimischen Welt sind wir davon überzeugt, dass Jesus heute das Gleiche mit der islamischen Religion macht. Jesus hat die muslimischen Frauen nicht vergessen. Dank seines göttlichen Eingreifens sind diese neuen Christinnen dabei, den Nahen Osten auf den Kopf zu stellen.

Wo muslimische Frauen Jesus finden und ihm ihr Leben anvertrauen, bekommen sie nicht nur eine neue Freiheit in ihm, sondern werden auch zu einer unaufhaltsamen Kraft in der muslimischen Welt. Weil Frauen die geistlichen Torwächter des Islam sind und weil so viele von ihnen ihren Posten verlassen, um Jesus nachzufolgen, steht die Haustür plötzlich weit offen. Ganze Familien entscheiden sich dadurch für Christus und kehren dem Islam für immer den Rücken.

Der Islam befindet sich in einer schweren Krise. Ganze Familien verlassen ihn und fangen an, Jesus nachzufolgen. Die Frauen trotzen den Gefahren und ihr Einfluss greift langsam, aber sicher auf ihre Kinder, die weitere Verwandtschaft und oft sogar auf ihre Ehemänner über.

Möchten Sie sich diese erstaunlichen Entwicklungen einmal aus der Nähe ansehen? Dann begeben Sie sich auf den folgenden Seiten mit uns auf eine Reise in den Nahen Osten. Sie werden staunen. Die Begegnungen mit diesen Christinnen, die an der Front des im Nahen Osten tobenden geistlichen Krieges leben, werden Ihrem eigenen Glauben Mut machen.

Wie einst die Frauen am leeren Grab Jesu entdecken heute muslimische Frauen, dass Jesus lebt; und sie behalten das nicht für sich. Manche arbeiten im Untergrund, heimlich, still und stetig. Andere haben sich bereits als Christen geoutet und halten der Verfolgung durch Verwandte und Freunde stand, für die sie Abtrünnige sind.

In der Geschichte des modernen Nahen Ostens ist ein neues Kapitel aufgeschlagen worden. Jesus ist dabei, Frauen frei zu machen, ihnen Wert und Würde zu geben – und es tut ihnen gut! Warum sollte es ihnen auch nicht guttun? Jesus ist gekommen, und seine Truppe aus ehemaligen Musliminnen erregt Aufsehen und verändert die Herzen der Menschen in der ganzen Region.

# Kapitel 1

# Erlöse uns von dem Bösen

Omar und Nasreen Kahn waren den durchdringenden Krach nächtlicher Explosionen längst gewöhnt. Sie lebten im jordanischen Mafraq, nur 15 Kilometer von der syrischen Grenze entfernt. Aber der Lärm, der an diesem Abend die Stille in ihrem Viertel zerriss, kam aus ihrer eigenen Wohnung.

Das Brüllen und Kreischen, das ihnen die Haare zu Berge stehen ließ, kam aus dem Mund ihrer 27-jährigen Tochter Nori. Die Dschinn[1] waren wieder da und ließen Nori toben. Kurz nach Sonnenuntergang hatte es angefangen.

„Ich hasse euch! Kratzt endlich ab!“, zischte Nori, ihr Gesicht verzerrt, die Augen groß und leer. „Ihr seid schlechte Menschen und furchtbare Eltern!“

Omar und Nasreen lagen sich zitternd in den Armen angesichts dieser fremden Macht, gegen die sie und ihre Tochter hilflos waren, wie sie nur zu gut wussten. Und wie schon so oft, wenn Nori einen ihrer Horror-Anfälle hatte, schrien sie zu Allah um Hilfe.

Die einzige Antwort auf ihre Gebete waren die Teller und Tassen, die Nori in ihre Richtung schleuderte. In das Klirren und Splittern des Geschirrs mischte sich eine Männerstimme, die aus Noris Kehle Obszönitäten brüllte. Die in Hörweite wohnenden Nachbarn schlos-

[1] Das alte arabische Wort *Dschinn* bezeichnet in der islamischen Welt Geister oder Dämonen.

sen resigniert die Fenster und versuchten, ihre Kinder von dem furchtbaren Lärm abzulenken, der da wieder einmal aus der Wohnung der Kahns schallte.

## Ein überraschender Rat

„Schwester Kahn, bitte sofort auf Zimmer 217!"

Nori sprintete durch den ersten Stock des King-Talal-Militärhospitals, aber es war zu spät. Als sie das Zimmer erreichte, war ihr Lieblingspatient gerade gestorben. Die Arbeit auf der Krebsstation war stressig und ging ihr an die Nieren. Jedes Mal, wenn wieder einer ihrer Patienten starb, bekam Nori Schuldgefühle.

*Das liegt bestimmt an den Dschinn! An was sonst? Mein Leben ist verflucht, und jeder, dem ich nahekomme, stirbt. Irgendwann werden die hier merken, wie gefährlich ich bin.*

Eine Stunde nach dem Tod ihres Patienten saß sie im Pausenraum. Ihr Kopf war wieder klarer nach dem Anfall am Vorabend. Sie starrte ihr Mittagessen an. Mit der Pitabrot-Gabel schob sie die Oliven auf ihrem Teller herum, dann stieß sie das Brot in die Hummus-Creme.

*He, was ist mit dir?*, zischte die nur zu vertraute Stimme in ihrem Kopf. Dann ließ sie eine andere Stimme zusammenzucken.

„Nori, was ist mit Ihnen?" Dr. Jalal Aziz' Stimme war sanft, als er sich neben sie setzte. „Jetzt bin ich schon eine ganze Weile im Raum, und Ihr Gesichtsausdruck ist immer noch derselbe. Ich möchte Ihnen nicht zu nahetreten, aber Sie sehen aus wie versteinert. Ich weiß, dass Sie in den letzten Monaten miterleben mussten, wie einige Patienten gestorben sind. Aber dies ist die Krebsstation, Nori; so ist das hier nun mal."

Nori vergewisserte sich kurz, dass sie die Einzigen in dem Raum waren. Dann holte sie tief Luft, rollte die Augen nach oben und sagte, langsam und stockend: „Aber – warum sterben so viele von *meinen* Patienten? Sagen Sie mir nicht, dass Sie das nicht auch gemerkt haben,

Doktor. Mit mir stimmt etwas nicht. Ich bin ein böses Omen. Es fühlt sich an, als würde der Teufel in mir sitzen."

Ihr Blick wanderte von der Decke, und sie schaute Dr. Aziz direkt in die Augen. „So, jetzt ist es raus. Wahrscheinlich werde ich jetzt gekündigt, weil Sie denken, ich wäre verrückt. Dabei habe ich Ihnen noch gar nicht alles gesagt, Dr. Aziz: Ich höre auch Stimmen. Wirklich. Und ich habe furchtbare Angst, weil ich absolut gar nichts dagegen machen kann."

Der Arzt sah die Angst in ihren Augen, als er antwortete: „Ach Nori, hören Sie mir mal zu. Sie sind meine Lieblingsschwester auf diesem Stockwerk. Sie sind ein Sonnenschein. Aber manchmal, Nori, versinken Sie in einem schwarzen Loch, und dann sind Sie nicht mehr Sie selbst."

Betrübt schüttelte er den Kopf. „Wie kann ich Ihnen nur helfen, Nori? Die meisten Krankenschwestern auf unserer Station schmeißen nach ein paar Jahren das Handtuch; sie schaffen das einfach nicht mehr."

Dann legte er warnend einen Finger auf seine Lippen, beugte sich etwas näher zu ihr und flüsterte: „Ich möchte Ihnen noch was sagen, Nori: Sie sollten in eine Kirche gehen; dort kann man Ihnen vielleicht helfen."

Nori zuckte zusammen, als habe er sie geschlagen, und schaute ihn aus ungläubigen Augen an.

„In eine Kirche? Dr. Aziz, wir sind doch Muslime! Was, um alles in der Welt, haben Sie oder ich in einer Kirche verloren? Das Christentum ist eine falsche Religion, die absolut nichts bringt! Vielleicht sind Sie derjenige, der … den Verstand verloren hat."

Sie war schockiert von ihren eigenen Worten.

Mit einem knappen Lächeln reagierte Dr. Aziz auf die Beleidigung. „Ich wusste, dass Sie so antworten würden, Nori. Noch vor ein paar Jahren hätte ich dasselbe gesagt. Ich bin ein praktizierender Muslim, jawohl, aber ich kenne keinen Imam, der je einem Menschen geholfen hätte, der Stimmen hörte und von Dschinn angegriffen wurde. Oder kennen Sie einen? Die bösen Dschinn setzen sich in ihren Opfern fest und verändern deren Leben für immer."

Nori presste ihre Augen fest zusammen, öffnete sie wieder und funkelte den Doktor voller Emotionen an. Was sie noch keiner Menschenseele anvertraut hatte, platzte jetzt heraus: „Ich war noch ein kleines Mädchen, als die Dschinn zum ersten Mal zu mir kamen. Es war in der Nacht. Mein Vater war gerade in meinem Zimmer gewesen. Dann passierte etwas Böses, aber ich weiß nicht mehr, was es war. Ich glaube, ich war damals vier Jahre alt. Ich sehe das Gesicht meines Vaters noch vor mir. Er grinste sarkastisch, als ob er sich über mich lustig machte. Dann ging er aus dem Zimmer, und ein paar Minuten später hatte ich meine erste Begegnung mit den Dschinn. Seitdem hab ich jeden Abend Angst vor dem Einschlafen."

Dr. Aziz nickte. „Ich sollte das jetzt vielleicht nicht sagen, Nori; Ihr Vater ist ja ein Sheikh. Er lehrt den Islam und bildet Imame aus. Aber hat er Ihnen helfen können? Was Sie da sagen, klingt mir eher so, als ob er ein Teil des Problems ist, weil er die Dschinn in Ihr Leben gebracht hat."

Nori schwieg. Was sollte sie auch sagen? Sie nahm das, was Dr. Aziz da sagte, nicht persönlich, es war ihr auch nicht peinlich. Es war nichts anderes als eine exakte Beschreibung ihrer Situation. Aber zum ersten Mal in ihrem Leben machte ihr das Hoffnung.

## Durch die Ungläubigen zum Glauben

Nasreen sog das Aroma des schwarzen arabischen Kaffees ein und sah ihre Tochter über den Tassenrand hinweg an.

„Wohin gehst du denn so früh am Morgen?"

Nori, die an der Eingangstür stand, drehte sich kurz um. „Ich muss ein paar Besorgungen machen, bevor ich zur Arbeit gehe."

Sie ging rasch hinaus und holte tief Luft. Nun ja, „Besorgungen" … Sie hatte ihre Mutter gerade angelogen oder ihr zumindest einen Bären aufgebunden.

Ein zwanzigminütiger Fußmarsch brachte sie zu dem Eingangstor einer römisch-katholischen Kirche. War sie wirklich schon so verzweifelt, dass sie bei einer christlichen Kirche versuchte, Hilfe zu finden?

„Allah, bitte gib, dass das aufhört, *jetzt!*“, betete sie laut. Sie neigte ihren Kopf und starrte ein paar Sekunden auf den Boden. Nervös hob sie den Kopf und richtete ihren Blick fest auf das Tor.

„Ich weiß, dass die Christen Ungläubige sind. Mein Vater würde mich wahrscheinlich umbringen, wenn er wüsste, dass ich einen katholischen Priester um geistlichen Rat bitte.“ Ihre Stimme senkte sich zu einem Flüstern. „Rette mich vor den Dschinn! Sie zerstören mein Leben.“

Sie packte das zerschlissene Seil, das von der Türglocke herabhing, holte tief Luft und zog heftig daran. Dann schaute sie wieder zu Boden; hatte sie gerade den größten Fehler ihres Lebens gemacht?

Sie hörte ein schlurfendes Geräusch und schaute wieder hoch. Ein schwarz gekleideter älterer Mann kam auf das riesige Eingangstor zu gehumpelt. Eine Armeslänge entfernt blieb der Priester auf der anderen Seite des Torgitters stehen.

Nori murmelte: „Ich habe ein Problem und brauche Hilfe. Ich höre Stimmen, und nachts bin ich von ihnen besessen.“

Sie beobachtete die Augen des Priesters und glaubte, einen Funken Mitleid zu sehen. Aber dann schaute der Mann verstohlen nach links und rechts. Auf einmal war er der Verlegene. Er sprach leise, fast war es nur ein Flüstern.

„Wenn ich Sie hier reinlasse, können die Fanatiker wer weiß was anstellen. Sie verstehen das sicher. Sie sind selbst in Gefahr, einfach dadurch, dass Sie hier mit mir reden. Bestimmt hat uns schon jemand gesehen.“

Er holte tief Luft. „Ich bin sicher, dass Sie ein netter Mensch sind, aber dies hier ist nicht das beste Viertel. Es tut mir leid, ich muss jetzt gehen.“

Und ohne auf eine Antwort zu warten, drehte sich der Priester traurig um und ging zurück in seine Kirche.

Nori starrte ihm hinterher. Ihre Hände packten die Stäbe des Eisengitters, und einen Augenblick hielt sie sich an ihnen fest, als ob sie ihr das geben konnten, was der Priester ihr versagt hatte.

Einige Augenblicke stand sie so da, um dann zu zischeln: „Ich wusste es ja, dass die mir nicht helfen würden."

Die Wut machte sie nur noch entschlossener, und sie ging weiter durch die Abdul-Malik-Straße in Richtung des Stadtviertels, in dem die Christen lebten. Zwei Stunden hatte sie noch Zeit, bis sie ihren Dienst im Krankenhaus antreten musste.

Als sie die Ecke zur Thani-Straße erreichte, sah sie etwas in der Morgensonne glitzern. Es war das vergoldete Kreuz der Griechisch-Orthodoxen Kirche von Mafraq, die einen halben Häuserblock entfernt stand.

Fünf Minuten später hatte man Nori ein zweites Mal am Eingangstor einer Kirche abgewiesen. Ein anderer Priester. Aber auch er hatte Angst vor den Konsequenzen, wenn er mit einer muslimischen Frau sprechen würde. Er entschuldigte sich, dass er leider „viel zu tun und keine Zeit" hatte. Auch er war traurig zurück in seine Kirche gegangen und hatte die Tür hinter sich geschlossen.

Was jetzt? Nori kochte innerlich. „Wie können diese Christen mich so behandeln?", murmelte sie halblaut. „Und ich habe gedacht, Jesus wäre stark. Das hat doch dieser komische Pastor aus Ägypten letzte Woche im Fernsehen behauptet."

Nori hatte sich eine Woche zuvor wahllos durch die Fernsehprogramme gezappt. Als sie zu SAT-7 kam, hörte sie die Worte: „Jesus kann jede Kette zerbrechen."

Die Worte hatten sie aufhorchen lassen. Sie hatte der Predigt des Mannes kaum eine Minute lang gelauscht, aber das hatte gereicht, um die Hoffnung in ihr zu entzünden, dass Christen ihr vielleicht helfen konnten. Aber jetzt war sie ziemlich sicher, dass kein Christ ihr helfen konnte – oder helfen *wollte*.

*Die glauben das doch selbst nicht, dass ihr Jesus jede Kette zerbrechen kann. Die scheinen ihre eigenen Ketten zu haben – Ketten der Angst, denke ich.*

„Guten Morgen!"

Die Stimme riss Nori aus ihrem Selbstgespräch. Sie hob den Blick und sah ein gut gekleidetes Paar auf dem Bürgersteig stehen, nur zwei Schritte entfernt. Angesprochen hatte sie die Frau. Nori sah, wie sie kurz Blickkontakt aufnahm mit dem Mann, bevor sie weitersprach.

„Ist alles okay bei Ihnen? Sie sind im Kreis rumgelaufen und haben mit … ich schätze, mit sich selber gesprochen. Sie scheinen eine Muslima zu sein. Da dachten wir, Sie haben sich vielleicht hier im Christenviertel verlaufen."

In dem Blick der beiden lag so viel Güte, dass Nori auf der Stelle beschloss herauszufinden, ob die beiden ihr helfen konnten. Wie es aussah, waren sie ein christliches Ehepaar.

„Ich habe ein großes Problem und glaube, ich brauche einen Rat von einem christlichen Pastor oder Priester oder wie immer man die nennt. Heute Morgen habe ich schon bei zwei Kirchen angeklopft und gefragt, ob mir jemand helfen kann, diese Stimmen loszuwerden, die ich höre und die mir keine Ruhe lassen. Beide Male ist ein Mann mit einem Priesterkragen rausgekommen, aber sie wollten mir beide nicht helfen. Sie hatten Angst, weil ich – ja, da haben Sie ganz recht – eine Muslima bin. Sie hatten Angst, dass die Fundamentalisten uns sehen würden und dass sie dann dafür büßen müssten."

Nori schüttelte immer noch enttäuscht den Kopf. „Kennen Sie zufälligerweise einen anderen Pastor?"

Die Frau lächelte warm und nahm die überraschte Nori in den Arm.

„Ob ich einen Pastor kenne? Ich bin mit einem verheiratet! Dies ist mein Mann, Pastor Daniel Hashwa, und ich bin Sarah. Wie ist Ihr Name?"

„Ich bin Nori." Sie lachte und rollte die Augen. „Entschuldigen Sie, wenn ich wie eine Verrückte aussehe, die auf der Straße Selbstgespräche führt. Ich war gerade drauf und dran, es aufzugeben und nie mehr einen Christen anzusprechen. Ich war so wütend auf diese Priester."

Daniel Hashwa beugte sich zu der jungen Frau in dem schwarzen Hidschab hinunter und fragte leise: „Nori, haben Sie Probleme mit Dämonen?"

Er sagte dies so nüchtern, dass es Nori weder ärgerte noch peinlich war.

„Ja, doch." Sie nickte ruhig und froh, endlich eine Gelegenheit zu haben, offen über ihr Problem zu reden. „Die Dschinn beherrschen mich. Wissen Sie vielleicht, wer mir helfen kann?"

Daniel lächelte, hob den Zeigefinger und deutete über seine Schulter. „Kommen Sie mit."

Daniel und Sarah führten Nori zur Baptistenkirche von Mafraq. Sie traten in einen leeren Nebenraum, wo die beiden ohne ein weiteres Wort anfingen, zu Christus zu beten, dass seine Kraft den Raum erfüllen und Nori befreien möge.

Die beiden knieten nieder und beteten über ihren geöffneten Bibeln. Nori staunte über die Leidenschaft in ihren Worten. Die Gesichter dicht über dem Boden, zitierten sie Bibelverse, während Nori danebensaß und aus großen Augen zuschaute und zuhörte. Es dauerte mehr als eine halbe Stunde. Dann legten Daniel und Sarah Nori unvermittelt und sanft ihre Hände auf die Schultern und sahen sie an. In ihren Blicken spürte sie eine tiefe Liebe.

„Nori", sagte Sarah. „Bist du bereit, frei zu werden?"

„Ja!", rief Nori aus und stand auf. „Ich tue alles, was nötig ist."

Sie begann, hin und her zu laufen. „Ja, ich bin bereit! Solche Gebete hab ich noch nie gehört. Wie machen Sie das? Können Sie mir das beibringen?"

Daniel stellte sich neben sie. „Nori, es fängt alles mit Jesus an."

Dreieinhalb Stunden später waren die Dämonen fort. Nori war frei von ihrer Folter und von ihrem Gefängnis. Die Dschinn, die sie angegriffen hatten, seit sie ein Kind war, hatten keine Chance gegen die ungeheure Vollmacht und Kraft Christi. Als Nori die Kirche von Daniel und Sarah wieder verließ, war sie eine Nachfolgerin Jesu geworden.

Bevor Daniel und Sarah mit ihren Gebeten begannen, hatte Nori in der Klinik angerufen und sich für den Tag beurlauben lassen. Sollte sie jetzt doch noch zur Nachmittagsschicht gehen oder besser direkt nach Hause? Sie überlegte hin und her und beschloss dann, den Stier bei den Hörnern zu packen und direkt zu ihren Eltern zu gehen, um ihnen zu berichten, dass Jesus sie freigemacht hatte.

## Katastrophe

Nori bog in die Straße ein, in der die Wohnung ihrer Eltern lag – und blieb abrupt stehen. Die zuckenden roten Lichter von Krankenwagen. Sie löste sich aus ihrer Erstarrung und rannte zum Haus. Auf dem Bürgersteig stand Noris Tante und sprach hektisch in ihr Handy.

„Tante Samira, was ist los?"

Die Tante unterbrach ihren Redefluss und sah ihre Nichte an. „Nori! Wir haben dich gesucht. Wo warst du die ganze Zeit?" Sie presste ihre Augen zusammen, rieb sich mit der freien Hand über die Stirn und sah Nori wieder an. „Es – tut mir so leid." Ihre Stimme wurde weicher. „Dein Vater ist tot."

Nori keuchte auf und rannte in die Wohnung. Ihre Mutter saß auf dem Boden des Wohnzimmers. Sie warf sich ihr in die Arme.

„Dein Vater ist früher vom Freitagsgebet zurückgekommen." Nasreen presste die Worte hervor. „Er sagte, dass er sich nicht gut fühlte, und da hab ich ihm gesagt, er soll sich hinlegen. Zwei Stunden später, als ich nach ihm sehen wollte, hat er … hat er nicht mehr reagiert. Nori, wenn ich gewusst hätte, dass es was Ernstes war, hätte ich sofort was gemacht. Stattdessen hab ich in der Küche das Geschirr gespült, während dein Vater im Schlafzimmer lag und … gestorben ist."

Sie begann laut zu weinen. „Das ist alles meine Schuld! Ich hätte ihm das Leben retten können, aber ich hab nichts gemacht. Omar, lieber Omar – warum bist du gegangen?"

Nori presste ihre Mutter an sich, aber sagte nichts. Ihre Gedanken rasten. Sie hatte den schönsten Tag ihres Lebens erlebt, sie hatte Jesus kennengelernt – und jetzt das! Ja, Omar Kahn hatte Furchtbares in ihr Leben gebracht, aber er war doch ihr Vater. Und jetzt – war er nicht mehr.

## Leben nach dem Tod

Verwandte und Freunde aus ganz Jordanien kamen, um Familie Kahn ihr Beileid auszudrücken. Sie vermieden es, über die Politik von König Abdullah zu reden. Auch theologische Streitfragen wurden nicht diskutiert. Es war ruhig. Nori genoss diesen Familienfrieden. Aber wie gerne hätte sie wenigstens ein paar von ihren Verwandten, die möglicherweise offen dafür waren, von ihrem neuen Glauben an Jesus erzählt, der sie erlöst und ihr ein neues Leben geschenkt hatte!

Sie wusste, dass ihre rund zwanzig Vettern und Kusinen genug hatten vom Islam, und sie konnte es kaum erwarten, ihnen die gute Nachricht zu erzählen. Aber irgendwie spürte sie, dass der Geist Gottes sie bremste. *Nein, Nori, jetzt noch nicht* … Die rechte Zeit, sie würde noch kommen.

Bei der Beerdigung von Noris Vater wurden Verse aus dem Koran vorgelesen. Man schloss Augen und Mund des Toten, wusch den Leichnam und wickelte ihn in ein schlichtes weißes Tuch. Muslimische Geistliche beteten um Vergebung für Omars Sünden. Amtsbrüder kamen, um dem bekannten Sheikh die letzte Ehre zu erweisen und mit der Familie zu trauern. Schließlich legte man Omars Leichnam nur mit einem Leichentuch umwickelt in die Erde. Das Gesicht nach Süden, Richtung Mekka.

Nori grübelte, versuchte zu verstehen, was in dieser Woche geschehen war. Die Dschinn waren weg. An dem Tag, an dem Daniel und Sarah sie durch ihre Gebete vertrieben hatten, war Noris Vater gestorben. Das konnte kein Zufall sein.

Obwohl Nori Jesus erst seit ein paar Tagen kannte, wusste sie, dass sie einen besseren Weg gefunden hatte. Sie saß in der trost- und hoffnungslosen Trauerfeier und fragte sich, warum ihr diese geradezu greifbare innere Leere bei den muslimischen Begräbnissen noch nie zuvor aufgefallen war. Es war deprimierend. Ihr Vater hatte sein Leben damit verbracht, Allah anzubeten und den Propheten Mohammed zu ehren; trotzdem wusste niemand, ob er genug geleistet hatte, um sich das Paradies zu verdienen.

Lauter Fragen und keine Antworten. Alle Blicke waren gesenkt, die Gesichter von Gram und Sorge gezeichnet. Nori spürte förmlich, wie die Frage in der Luft hing, womit Omar den Zorn Allahs so sehr herausgefordert hatte, dass er schon mit 49 Jahren sterben musste.

Sie hatte Lust, aufzuspringen und laut zu rufen: „Das muss doch nicht so sein! Der Islam ist nicht der Weg, der Weg heißt Jesus!"

Aber sie schwieg.

Nach der Trauerwoche verließen die Verwandten die Wohnung der Kahns. Und obwohl Noris Vater sie die meiste Zeit ihres Lebens schlecht behandelt hatte, vermisste sie ihn; sie staunte selbst darüber.

Ihr neues Wissen über Jesus hatte ihr auch ein neues Wissen über ihren irdischen Vater offenbart. Als Daniel und Sarah für sie beteten, hatte der Heilige Geist sie an Dinge aus ihrer Vergangenheit erinnert, die sie verdrängt hatte: Seit sie vier Jahre alt gewesen war, hatte Omar Kahn seine Tochter sexuell missbraucht.

Die Erinnerungen bestätigten den Verdacht von Dr. Aziz, dass die Dschinn etwas mit ihrem Vater zu tun hatten. Aber jetzt war sie frei – und ihr Vater war nicht mehr da. Der Schmerz der Vergangenheit konnte sie nicht mehr gefangen halten; die Stimmen, die sie angeklagt hatten, waren für immer verstummt.

Nori konnte es kaum abwarten, anderen von dem zu erzählen, was sie erlebt hatte. Aber wie sollte das gehen, in Mafraq – einem Umfeld, das von den strengen Muslimen geprägt war? Wenn sie nicht vorsichtig war, konnte ihr neues Leben schnell vorbei sein.

Sie fragte sich auch, wie sie überhaupt damit anfangen sollte. Viele Fragen kreisten durch ihren Kopf:

- Wie kann ich Menschen, die wie ich im Islam aufgewachsen sind, Jesus bringen?
- Wie viele junge muslimische Frauen sind als Mädchen sexuell missbraucht worden?
- Haben sie nicht die gleichen Fragen, die ich früher auch hatte?

- Gibt es noch mehr Kinder, die von Dämonen besessen sind?
- Wie kann ich jungen Muslimen das Evangelium bringen, ohne umgebracht zu werden – womöglich sogar von jemandem in meiner eigenen Familie?

Und so saß sie eine Woche nach dem Tod ihres Vaters spätabends in ihrem Zimmer und betete leise: „Herr, gib, dass ich es meiner Generation sagen kann! Wie kann ich ein Licht für dich werden, Jesus?"

Im selben Augenblick erhielt Nori eine Freundschaftsanfrage bei Facebook, und sie hatte die Antwort auf ihr Gebet.

## Huda hat Hoffnung

Jeden Tag um die Mittagszeit besuchte sie jetzt eine Bibelstunde. Die Bibel, die sie dort bekommen hatte, verschlang sie innerhalb von einem Monat komplett. Das King-Talal-Hospital war nicht weit von der baptistischen Kirche entfernt. So konnte Nori in ihrer Pause problemlos mit dem Taxi hin- und pünktlich zu ihrer Nachmittagsschicht wieder zurückfahren. Es gab immer Islamisten, die auf der Jagd nach „Abtrünnigen" waren, sodass sie jedes Mal, wenn sie die Kirche betrat, sich vorher vergewisserte, dass keine muslimischen Männer mit langen Bärten in der Nähe waren. Sie machte einen Bogen um jeden, der verdächtig aussah, aber sie verpasste keine einzige Stunde.

Nori studierte die Bibel nicht nur, sie lernte auch so viele der wunderbaren neuen Zusagen auswendig, wie sie konnte. Jeden Abend blieb sie bis tief in die Nacht hinein auf, um die Bibel zu lesen und zu beten. Sie lag auf ihrem Gesicht und schrie innerlich zu Gott, betete für ihre Mutter, ihre Verwandten und Freundinnen. Matthäus 7,7-8 wurde für sie zu einem Felsen, auf den sie sich stellte:

> „Bittet, und es wird euch gegeben; sucht, und ihr werdet finden; klopft an, und es wird euch geöffnet. Denn jeder, der bit-

tet, empfängt, und wer sucht, findet, und wer anklopft, dem wird geöffnet."

Nach einem Monat des Bibellesens und Betens war sie bereit. Auf diesen Augenblick hatte sie hingearbeitet seit dem Abend, an dem jene Facebook-Freundschaftsanfrage ihr so unvermittelt aufgezeigt hatte, wie sie anderen von ihrem neuen Leben erzählen konnte. Sie setzte sich vor ihren Computer und betete: „Herr Jesus, ich bitte dich noch einmal, mir Kontakt zu meiner Generation zu geben. Die jungen Muslime sind innerlich tot. Sie sind verloren, sie sind einsam, sie leiden – wie ich damals. Ich muss zu ihnen gehen. Ich weiß, wo sie sind und wie ich sie finden kann. Ich möchte, dass sie frei werden und dass ihre Ketten zerbrechen. Ich bin bereit zu gehen. Was auch geschehen wird, das Gute und das Böse, ich gebe es dir hiermit. Hier bin ich, Herr; sende mich!"

Nori wählte aus ihren Handy-Dateien ein Foto, auf dem ihr Gesicht bis auf den Augenschlitz ganz von der schwarzen Niqab bedeckt war, die sie früher zum Freitagsgebet in der Moschee getragen hatte. Sie loggte sich in einen neuen Facebook-Account ein, den sie an diesem Abend eingerichtet hatte, und startete „Huda Has Hope" („Huda hat Hoffnung"). Ihr erster Post lautete:

> Guten Abend, alle miteinander! Mein Name ist Huda. Warum habe ich Hoffnung? Weil ich *die Wahrheit gefunden habe*.
>
> Ich lade euch ein, diese Wahrheit zusammen mit mir zu entdecken. Ich werde jeden Abend für euch da sein und mein Bestes geben, eure Fragen zu beantworten. Ich habe die Wahrheit erst vor Kurzem gefunden, sodass ich keine Expertin bin. Aber ich bin begeistert von meinem neuen Glauben. Ich habe eine Geschichte zu erzählen. Seid ihr dabei? Unsere Reise beginnt heute Abend. Sagt es euren Freunden weiter. Jeder ist willkommen. Dies hier ist ein Ort, an dem man sich für nichts schämen muss. Alle Fragen sind willkommen. Außer einer: Ich suche keinen Ehemann! Also bitte keine Heiratsanträge, okay? Bis morgen Abend dann!

Nori loggte sich aus und holte tief Luft.

Am nächsten Tag nahm Dr. Aziz seine Lieblingskrankenschwester im Militärhospital beiseite.

„Nori, als wir uns vor einem Monat unterhalten haben, waren Sie so bedrückt und belastet, wie ich noch nie einen Menschen erlebt habe. Ich habe mir richtig Sorgen um Sie gemacht. Und jetzt sind Sie die fröhlichste Schwester auf der ganzen Station, vielleicht sogar in der ganzen Klinik! Sie sind ein anderer Mensch geworden. Sagen Sie, was ist passiert?"

Nori grinste. „Dr. Aziz, ich habe einfach gemacht, was der Arzt mir geraten hat. Was *Sie* mir geraten hatten."

Dr. Aziz Mund stand offen. „Sind Sie wirklich in eine Kirche gegangen?"

„Ja. Aber noch wichtiger ist, dass ich mein Leben Jesus anvertraut habe. Ich bin keine Muslima mehr, und die Dämonen sind weg. Dr. Aziz, Jesus hat das Böse besiegt; sie können mir nichts mehr anhaben."

Der Arzt nahm ihren Arm, zog sie rasch in einen Nebenflur und senkte seine Stimme zu einem eindringlichen Flüstern.

„Ich bin echt dankbar, dass Sie das losgeworden sind, was Sie so runtergezogen hatte, Nori, aber Sie müssen vorsichtig sein. Als Sie gerade gesagt haben, dass Sie keine Muslima mehr sind und Ihr Leben Jesus anvertraut haben, war das laut genug, dass man es noch am Ende des Flurs hören konnte. Es gibt viele hundertzehnprozentige Muslime in dieser Klinik – und jordanische Soldaten. Posaunen Sie das bloß nicht so laut raus, das kann lebensgefährlich werden." Der Arzt schüttelte lachend den Kopf. „Jetzt hab ich glatt mehr Angst um Sie als damals, als die Dämonen Sie im Griff hatten."

„Mir passiert schon nichts, Dr. Aziz. Aber danke, dass Sie so an mich denken. Ich werde aufpassen, aber es lässt mir keine Ruhe: Ich möchte, dass alle Muslime Jesus kennenlernen, so wie ich. Könnten wir uns vielleicht morgen in einer Pause unterhalten? Sie müssen meine Geschichte einfach hören. Das letzte Mal, als wir miteinander gesprochen haben, haben Sie mir geholfen; vielleicht kann ich jetzt Ihnen helfen."

Nori tippte sich zweimal auf die Brust, dann verschwand sie in den Flur.

Am Abend dieses Tages, als sie zu Tisch saßen, fiel Nasreen auf, wie glücklich ihre Tochter aussah.

„Nori, war dein Tag heute besonders gut? Ist dir was Schönes passiert? Du strahlst ja wie die Sonne!"

„Mama, ich habe dir ja so viel zu erzählen, aber gerade hab ich eine dringende Verabredung. Können wir uns morgen Abend beim Essen unterhalten, nur wir beide?"

Nasreen war einverstanden, und Nori ging auf ihr Zimmer, schloss leise die Tür hinter sich und fuhr ihren Computer hoch. Es gab 103 Anfragen an „Huda Has Hope".

Nori schickte ein rasches Gebet zum Himmel. „O, Herr, bitte gib mir die richtigen Worte, wie damals Daniel und Sarah, als ich die beiden so brauchte. Da draußen warten über hundert Menschen auf die Antworten, die du für sie hast. Bitte rede du durch mich."

Sie begann zu tippen.

> Guten Abend! Hier ist Huda Has Hope. Bis vor zwei Monaten ging es mir furchtbar. Ich hatte grässliche Alpträume und wurde von Dschinn belagert. Ich dachte schon an Selbstmord. Heute bin ich ein anderer Mensch. Hier ist meine Geschichte. Wenn ihr euch irgendwo darin wiederfindet, schreibt es mir! Vielleicht habt ihr ja die gleichen Fragen, die ich auch hatte.
>
> Ich fühlte mich innerlich immer so leer. Irgendwas fehlte mir – oder besser gesagt: Jemand fehlte mir. Heute Abend möchte ich euch von meiner Reise ... zu Jesus berichten.

Nori schickte den Post ab. So, jetzt hatte sie es getan. Sie schloss die Augen und betete für ihre neuen Internetfreunde.

Ihr Post entfesselte einen wahren Sturm von Kommentaren:

„Ungläubige!"
„Ich hasse dich!"
„Man sollte dich umbringen!"

Doch dann kamen positivere Reaktionen:

„Mach weiter, Huda! Erzähl uns deine Geschichte."
„Lass dich nicht unterkriegen! Mach weiter."
„Religion ödet mich so an. Vor allem unsere Religion."
„Auch Frauen haben ein Recht, etwas zu sagen!"
„Erzähl mir von Jesus. Ich wohne in Saudi-Arabien."

Nori tippte den nächsten Post.

Schön, dass so viele mich heute Abend besuchen. Das wird ein spannendes Gespräch werden. Wenn ich mit meiner Geschichte fertig bin, werde ich versuchen, eure Fragen zu beantworten. Ich liebe euch alle – auch die, die mir Drohungen geschickt haben.

Aber zurück zu meiner Geschichte. Die Religion ging mir immer mehr auf den Nerv: Dies musst du tun, das musst du machen. Wann würde es endlich genug sein? Nie. Wenn selbst der Prophet Mohammed sich nicht sicher war, ob er in den Himmel käme, wie konnte ich da sicher sein? Ich konnte es eindeutig nicht.

Mohammed hat es selbst gesagt: „Ich bin kein Neuerer unter den Gesandten, und ich weiß auch nicht, was Allah einst mit mir und mit euch machen wird."[2]

---

[2] Koran, Sure 46,10 (andere Zählung: 46,9). Hier zitiert nach: *Der Koran*, nach der Übertragung von Ludwig Ullmann neu bearb. (München: Goldmann, 1959).

Aber dann begegnete ich Jesus. In seinem Wort steht: „Wir haben jetzt also, liebe Geschwister, einen freien und ungehinderten Zugang zu Gottes Heiligtum; Jesus hat ihn uns durch sein Blut eröffnet … Deshalb wollen wir … voller Vertrauen und Zuversicht vor Gott treten." (Hebräer 10,19.22 (NGÜ))

Mohammed wusste nicht, ob er in den Himmel käme. Jesus hat gesagt, dass er der Weg zum Himmel *ist*.

Die nächsten drei Stunden beantwortete Huda Has Hope eine Frage nach der anderen, nach bestem Wissen und Gewissen. Sie zitierte aus der Bibel und reagierte auf die, die sie wüst bedrohten, nach dem Wort aus Sprüche 15,1: „Eine freundliche Antwort wendet Zorn ab."

Mitternacht war längst vorbei, als Nori fand, dass es Zeit zum Schlafen war. Morgen würde ein besonderer Tag sein. Gewiss würde es nicht einfach sein, ihrer Mutter von ihrem veränderten Leben zu erzählen. Beim Einschlafen betete Nori zu Gott, dass ihre Mutter genauso offen sein würde wie einige ihrer neuen Facebook-Freunde.

## Mutter und Tochter I

Nasreen hörte sich die Geschichte ihrer Tochter schweigend an. Dann kochte die Wut in ihr über, und sie stand abrupt auf, ballte die Hand zur Faust und schlug, über den Esstisch hinweg, Nori voll ins Gesicht. Die kippte nach hinten, sodass ihre Knie im Fallen den Tisch umrissen und der Inhalt der Schüsseln hinter ihr an die Wand spritzte. Schockiert blieb sie liegen und starrte zu ihrer Mutter hoch, die mit ihrer Strafpredigt begann.

„Du bist eine Schande für die Familie! Dein Vater würde sich in Grund und Boden schämen, wenn er dich jetzt hören könnte – so ein wichtiger Mann in Jordanien! Wir sind *Muslime*, Nori. Du wirst *niemals* ein Christ werden oder eine Jüngerin von diesem Jesus, nenn es, wie du willst!"

Sie spuckte die Worte regelrecht aus. „Du bist schwach. Aber du wirst schon noch zur Vernunft kommen und erkennen, dass du als Muslima geboren bist und als Muslima sterben wirst. Ist das klar?"

Für Nasreen war dies eine rein rhetorische Frage. Sie fuhr fort, ohne auf eine Antwort zu warten. „Soll ich deine Vettern anrufen, dass sie etwas Vernunft in dich reinprügeln? Ich kann das gleich jetzt machen, und sie werden gerne vollenden, was ich begonnen habe!"

„Mama, ich habe dich gut verstanden, du hast das ganz klargemacht."

Nori rappelte sich hoch und ging an ihrer Mutter vorbei. An der Küchentür drehte sie sich kurz um und lächelte höflich. Dann ging sie auf unsicheren Beinen in ihr Zimmer und verschloss die Tür hinter sich. Huda hatte neue Freunde, die auf sie warteten, aber bevor sie ihnen antwortete, ging sie auf die Knie, vergab ihrer Mutter und schlug ihre Bibel auf.

Hudas Freundesliste war jetzt über zweihundert Namen lang, und für den Rest des Abends öffnete Huda Has Hope ihnen ihr Herz und berichtete ihnen von Jesus. Es war ein Uhr morgens, als sie ihren Computer ausschaltete.

## Ein neues Leben

Den ganzen nächsten Monat änderte sich wenig im Zusammenleben der Kahns. Jedes Mal, wenn Nori nach Hause kam, empfing Nasreen ihre einzige Tochter mit wüsten Beschimpfungen. Ein Abendessen hatte sie nicht vorbereitet; das – so erinnerte sie Nori jeden Abend – verdiente ihre abtrünnige Tochter nicht mehr. „Von mir aus kannst du verhungern!"

Noris Insel der Ruhe war ihr Zimmer. Sobald sie die Tür hinter den Hasstiraden ihrer Mutter geschlossen hatte, ging Huda online, um ihre Erfahrungen mit Jesus Christus weiterzugeben.

Nach drei Monaten hatte Huda Has Hope über eintausend Freunde in den sozialen Medien, aber Noris Mutter zeigte weiter kein Verständnis. Nori staunte nur so, über was für ein Repertoire von Beschimpfungen ihre Mutter verfügte. Aber jedes Mal wartete sie, bis Nasreen damit fertig war, und sagte dann ruhig: „Ich habe dich nach wie vor lieb, Mama."

Die Anfragen an Nori im Internet waren so zahlreich und so dringlich, dass sie nur noch knapp vier Stunden Schlaf bekam. Jeden Abend warteten Hunderte auf sie, aus allen Ecken und Enden des Nahen Ostens – Kairo, Bagdad, Damaskus, Jerusalem, Gaza City, Teheran. Es gab sogar Anfragen aus Mekka und Medina.

Nori liebte die mittäglichen Bibelstunden in der Kirche, aber ihr Dienst im Krankenhaus war strapaziös. Mehr Patienten als je zuvor schienen Krebs im Endstadium zu haben.

Die Kombination von Krankenhaus-Stress und chronischem Schlafmangel nagte so an Noris Kräften, dass sie, wenn sie nach Hause kam, nicht glaubte, dass sie noch eine halbe Nacht damit verbringen konnte, Fragen ihrer Freunde und Follower zu beantworten. Aber wenn sie dann ihre Facebook-Seite aufrief und sah, wie viele Menschen in Not waren und ihre Hilfe brauchten, war sie immer wieder im Herzen berührt.

Nach einer besonders anstrengenden nächtlichen Antwortrunde – es war drei Uhr morgens und Nori konnte kaum noch die Augen offenhalten – wollte sie gerade ihre Seite schließen, um ins Bett zu gehen, als eine neue Freundschaftsanfrage auf den Bildschirm kam. Nori starrte ihren Computer an. War das möglich?

Der Name der Person war *Nasreen*.

## Nori berichtet I

Meine Mutter hatte keinen Schimmer, dass sie ihre Fragen an ihre eigene Tochter stellte.

Als ich das erste Mal den Namen meiner Mutter auf dem Bildschirm sah, konnte ich mir nicht vorstellen, dass sie es wirklich war – so feindselig, wie sie mich jeden Tag behandelte.

Aber dann schrieb die neue Facebook-Freundin: *Mein Name ist Nasreen Kahn. Ich habe viele Fragen. Kannst du mir helfen?*

Ich fiel buchstäblich vom Stuhl und blieb eine ganze Weile auf dem Boden sitzen, bevor ich mich gefasst hatte. Dann dankte ich Gott dafür, dass er das Herz meiner Mutter angerührt hatte. Ich weiß noch, wie ich laut sagte: „Jesus, du bist der, der alle Gebete hört!"

Ich hatte für meine Mutter gebetet, aber sie war so steinhart, so voller Hass gegen mich. Sie schien ein hoffnungsloser Fall zu sein.

Aber ihre Fragen klangen nicht böse. Meine Mutter wollte ehrlich wissen, wie das mit Jesus war.

Könnt ihr euch das vorstellen? Ich war in meinem Zimmer, meine Mutter in ihrem, und sie hatte keinen Schimmer, dass sie nur ein paar Meter entfernt mit *mir* chattete.

Am ersten Abend stellte sie mir eine Frage, die direkt aus ihrem Herzen kam: *Huda, verändert Jesus die Menschen immer und füllt ihr Herz mit Liebe?*

Ich war drauf und dran, aus meinem Zimmer zu rennen, meine Mutter in die Arme zu nehmen und ihr zu sagen, dass *ich* Huda war. Aber der Heilige Geist drängte mich, online zu bleiben, ihre Frage zu beantworten und mich nicht zu outen – noch nicht. Meine Aufgabe war es, mich an das Evangelium zu halten und Jesus groß zu machen.

Heute weiß ich, dass die ganze Sache womöglich schiefgegangen wäre, wenn ich mich frühzeitig geoutet hätte. Für meine Mutter war ich Huda, und das musste ich bis auf Weiteres bleiben. Sie betrieb im Grunde genommen dasselbe Versteckspiel wie ich.

Ihre Fragen gingen etwa einen Monat lang weiter. Und was sie alles wissen wollte! Zum Beispiel: *Ist die Bibel verfälscht? Und: Warum beten die Christen drei Götter an?* Ich tat mein Bestes, alle Fragen eine nach der anderen zu beantworten.

Aber obwohl Nasreen jeden Abend neue Fragen an Huda hatte –

wenn ich von der Klinik heimkam, schrie meine Mutter mich wieder an. Oder tat so, als sei ich Luft. Dann ging ich in mein Zimmer und sie in ihres, und bald waren wir mitten im nächsten Internetdialog.

Unsere Gespräche wurden zunehmend dramatisch. Und dann passierte es. Eines Nachts brach ich in Tränen aus, als meine Mutter mich fragte: *Ich möchte so gerne das haben, was meine Tochter hat. Sie hat eine solche Liebe im Herzen und strahlt eine solche Freude aus. Das möchte ich auch haben. Aber ich habe solche Angst – Angst vor dem, was dann mit mir passieren würde. Was soll ich nur machen?*

Ich konnte fast nicht sitzen bleiben. Ich wollte aus dem Zimmer stürzen und rufen: „Mama! Das bin doch ich!" Aber wieder beruhigte Jesus mein Herz, sodass ich vor meinem Computer sitzen blieb. Ich hatte den Eindruck, dass er mir sagte: *Bring sie zu mir, Nori. Du kannst das.*

Und er hatte recht. In dieser Nacht, als ich alle ihre Fragen beantwortet hatte, betete ich im Internet mit meiner Mutter und half ihr, ihr Leben Jesus zu übergeben. Als ich fertig war, war mein Computer klatschnass von meinen Tränen. Ich hatte meine Mutter zu Christus geführt – per Facebook Messenger!

Als wir fertig gebetet hatten, fragte ich mich, ob ich das alles nur geträumt hatte. Aber nein, es war kein Traum. Und wieder spürte ich: *Geh noch nicht rüber zu deiner Mutter und erzähl ihr alles! Warte noch!*

Ab dem Moment war meine Mutter ein anderer Mensch! Als ich am nächsten Abend nach Hause kam, begrüßte sie mich an der Tür mit dem breitesten Lächeln, das ich je auf ihrem Gesicht gesehen hatte. Als ich in die Wohnung trat, war der Tisch reich gedeckt. Sie hatte den ganzen Tag gekocht.

Aber ich wartete noch. Noch zwei weitere Wochen verriet ich meiner Mutter nicht, dass ich Huda Has Hope war. Als ich es dann tat, war das Timing – Gottes Timing – perfekt.

## Mutter und Tochter II

Noris Herz hämmerte in ihrer Brust. Sie wusste: Heute musste sie es ihrer Mutter sagen.

Während des Essens vermied sie alle wichtigeren Themen, aber als die beiden dann an der Spüle standen und das Geschirr spülten, drehte Nori sich zu Nasreen hin und sagte unvermittelt: „Mama, ich muss dir was Wichtiges sagen: Diesen Sonntag lasse ich mich taufen."

Nasreen sah, die Hände noch im Wasser, ihre Tochter an. Ihre Augen glänzten vor Liebe.

„Das ist ja toll, Nori! Ich bin stolz auf dich!"

Nori ließ die Worte auf sich einwirken. Wachte oder träumte sie? Sie begann zu schluchzen. Sie sah mit eigenen Augen, dass der Hass ihrer Mutter verschwunden war. Auch Nasreen hatte sich von Jesus freimachen lassen. Sie war eine neue Frau geworden.

Nori fasste sich mit einiger Mühe, sah ihre Mutter zärtlich an und sagte: „Mama, *ich* bin Huda. Du hast dich die ganze Zeit mit *mir* unterhalten."

Einen Augenblick stand Nasreen der Mund offen vor Schock, dann begann sie zu strahlen wie jemand, der gerade das beste Geschenk aller Zeiten ausgepackt hat. Sie packte ihre Tochter mit beiden Armen, hob sie hoch und wirbelte mit ihr herum, als sei sie wieder ein kleines Mädchen.

„O, Nori! Es tut mir ja so leid, wie hässlich ich zu dir war. Ich hab dich angeschrien und beschimpft, dir das Essen an den Kopf geworfen. Ich schäme mich ja so." Sie setzte ihre Tochter wieder ab. „Und du hast mir mit deiner Liebe geantwortet. Du warst wie Jesus zu mir. Wie Jesus!"

Am nächsten Sonntag war, wie Pastor Daniel bereits in der Bibelstunde angekündigt hatte, die Kirche für die Tauffeier geschmückt. Diese würde hinter geschlossenen Türen stattfinden, zum Schutz der Täuflinge. Sie waren sämtlich ehemalige Muslime und mussten damit rechnen, von fanatischen Verwandten als „Abtrünnige" getötet zu werden. Aber sie kamen, diese neuen Nachfolgerinnen und Nachfolger Christi, um sich im Glaubensgehorsam taufen zu lassen.

## Nori berichtet II

An diesem Sonntag saß meine Mutter in der ersten Reihe und klatschte und weinte, als ich getauft wurde. Wer hätte das gedacht?

Als wir nach dem Gottesdienst nach draußen gingen, legte meine Mutter ihren Arm um mich und sagte: „Nori, wann ist der nächste Taufgottesdienst? Ich bin bereit."

Wieder wusste ich nicht, ob ich wachte oder träumte. Aber Pastor Daniel hatte die Worte meiner Mutter mitbekommen. Er zwinkerte mir zu, und ich wusste, was das bedeutete.

Ich drehte mich zu meiner Mutter hin und antwortete: „Mama, wenn du willst, jetzt gleich!"

Und wir drehten uns auf dem Absatz um und gingen zurück in die Kirche. Diesmal saß *ich* in der ersten Reihe.

Und so schicken meine Mutter und ich euch die besten Grüße aus Jordanien. Wir lieben Jesus. Er bedeutet uns alles. Was für eine Freude, gemeinsam die Bibel zu lesen und zu beten!

Bitte vergesst es nicht: Die Muslime suchen nach einer Beziehung zu Gott, die nur Jesus geben kann. Betet für sie! Oft wissen die Menschen, die am aggressivsten auf das Evangelium reagieren, tief in ihrem Inneren am deutlichsten, dass sie ihn brauchen. Das habe ich bei meiner Mutter erlebt. Mit ihren Wutausbrüchen hat sie eigentlich nur die tiefe Verunsicherung in ihrem Herzen überspielt. Der Teufel tat, was er konnte, um zu verhindern, dass ich ihr Jesu Worte des Lebens brachte. Doch er hat verloren, und Jesus hat gewonnen!

Heute haben wir beide Hoffnung – meine Mutter und ich. Echte Hoffnung. Wir haben die Wahrheit gefunden – durch Jesus.

Siehe, zur selben Zeit will ich
mit allen denen ein Ende machen, die dich bedrängen,
und will den Hinkenden helfen
und die Zerstreuten sammeln
und will sie zu Lob und Ehren bringen
in allen Landen, wo man sie verachtet.
Zefanja 3,19 (LÜ)

## Kapitel 2

# Die schlimmste Ehe in ganz Syrien

Geistesabwesend wickelte die 29-jährige Dina Hadad das Kopftuch um ihr Gesicht und faltete die Arme über der Brust. Ihre Gedanken waren auf Wanderschaft. Nein, sie träumte nicht von einem anderen Mann. Sie überlegte, wie sie den Mann, mit dem sie verheiratet war, umbringen konnte, ohne im Gefängnis zu landen.

Nachdenklich betrachtete sie die glänzende Klinge des Fleischmessers, das auf der Küchenanrichte lag. Könnte das Messer helfen, den Plan zur Ermordung ihres Ehemannes schnell und effektiv umzusetzen? Aber nein, lieber doch nicht! Mohammad zerstückeln, das wäre ein unschöner Anblick. Und all das Blut. Und die Kinder, die das ja mitbekommen würden …

Sie hörte die vertrauten Geräusche aus dem Schlafzimmer, dazu das leise Geplärre arabischer Liebeslieder aus dem Fernseher im leeren Wohnzimmer. Die Geräusche holten sie zurück aus ihren Gedanken, die der Anblick des Messers ausgelöst hatte. Zurück in die grausame Wirklichkeit. Noch ein Abend, an dem sie anhören musste, wie ihr Mann stöhnend in den Armen einer anderen Frau lag. Ihre Oberlippe kräuselte sich unwillkürlich. Vielleicht sollte sie lieber gleich beide umbringen und sich damit abfinden, dass sie die Folgen tragen musste.

## Leben in der Todeszone

Dina hatte die ganzen 29 Jahre ihres Lebens in der syrischen Millionenstadt Aleppo verbracht. Sie hoffte, dass sie dort auch sterben würde, und bis vor Kurzem hatte sie gehofft, dass dies bald geschehen möge.

*Ich hasse mein Leben!*

Wie oft hatte sie das schon gedacht? Alle paar Minuten in den bisher neun Jahren ihrer Ehe? Ja, bestimmt. Also viele Tausend Male.

Erst vor ein, zwei Wochen hatte Dina am Fenster ihrer Wohnung im ersten Stock gestanden und seufzend das Kopftuch enger um ihr zartes Gesicht gezogen. Es war ein Schutzreflex, der typisch war für den Moment des Tages, den sie am meisten fürchtete. Mohammad kam nach Hause.

Mohammad Hadad marschierte mit heftigen Schritten die Außentreppe zur Wohnung hoch und riss die Wohnungstür auf. Eine Sekunde blieb er auf der Schwelle stehen und linste in das Schummerlicht des Wohnzimmers hinein. Dann kam er herein, drehte seinen Oberkörper etwas zu demonstrativ zurück zu der Tür und knallte sie zu. Ohne ein Wort zu sagen, ließ er seinen Blick durch das Zimmer schweifen, bis er Dina fand.

Es war *der* Blick. Dina holte unwillkürlich Luft; sie wusste, was ihr an diesem Abend blühte. Die Kinder der Hadads – der sechs Jahre alte Jabar und die siebenjährige Maha – waren in ihre Zimmer geflüchtet, sobald die Wohnungstür sich öffnete. Dina stand allein vor Mohammad, dessen Gesicht wutverzerrt war. Vielleicht konnte sie das Unheil mit einem freundlichen Vorschlag abwehren; einen Versuch war es wert.

„Mohammad."

Dina zwang ein Lächeln auf ihr Gesicht, als ihr Mann Kurs auf die Küche nahm.

„Ich würde gern eben zum Markt gehen und uns frisch gebackenes Brot zum Abendessen holen. Habe ich deine Erlaubnis?"

Seine Faust knallte mit solcher Wucht auf die rechte Seite ihres Kopfes, dass es sie zurück in die kleine Küche schleuderte. Im Fallen schlug sie mit der linken Gesichtshälfte auf dem Rand der Metallspüle auf.

Mehrere Minuten später spürte Dina die kalten Fußbodenfliesen unter ihrer einen Wange. Neben ihr war eine Lache von Blut, das weiter aus ihrer Nase strömte. Das Elend, das sie an jedem Tag ihrer Ehe erduldete, war noch schlimmer als der Alltag in Aleppo, obwohl die Stadt eine Kriegszone war.

Bis jetzt hatte sie gedacht, dass der einzige Ausweg für sie der Selbstmord war. In diesem Augenblick, dort auf dem Küchenfußboden, erkannte sie endlich, was doch so naheliegend war: Es war ja gar nicht unbedingt sie, die sterben musste, damit ihr Ehe-Alptraum ein Ende hatte. Heute war Mohammad zu weit gegangen. Ein neuer Plan begann, in Dinas Kopf Gestalt zu gewinnen.

---

Syriens größte Metropole Aleppo war nicht immer ein Labyrinth aus Schutthaufen und ausgebombten Häusern gewesen. Die Stadt hatte im Lauf ihrer langen Geschichte viele glorreiche Jahre erlebt.

Ungefähr auf halbem Wege zwischen den majestätischen Küstenfelsen von Burj Islam am Mittelmeer und der weiten Euphratebene an der fruchtbarsten Wasserscheide der Region gelegen, war Aleppo in der Antike ein Knotenpunkt mehrerer wichtiger Handelsstraßen. Die Seidenstraße machte es zu einem wohlhabenden Handelszentrum, und die Völker, die die Stadt beherrschten, waren ein Who is Who der Geschichte. Hethiter, Assyrer, Griechen, Römer und Osmanen – sie alle ließen sich die in die Stadt fließenden Warenströme und die damit verbundenen Einnahmen nicht entgehen, bevor sie irgendwann von der nächsten Dynastie abgelöst wurden. Es kann gut sein, dass Aleppo eine der ältesten und am kontinuierlichsten bewohnten Städte der Welt ist. Historiker schätzen ihr Alter auf mindestens 5000 Jahre.

Doch mit dem Bürgerkrieg in Syrien kam der Anfang vom Ende für den Wohlstand Aleppos. Aus dem lukrativen Handelszentrum wurde das Epizentrum eines blutigen Ringens, an dem sich Militärkräfte aus Russland, Iran, den USA und Israel beteiligten, dazu Terroristengruppen wie der IS und Jabhat al-Nusra. Tag für Tag machten Raketen, Bomben, Artilleriegeschosse und Maschinengewehrfeuer von Rebellen- und Terrorgruppen, der offiziellen syrischen Armee und der internationalen Kombattanten historische Stätten, Moscheen und Kirchen dem Boden gleich. Die zuständige UN-Behörde schätzt, dass es „sechs Jahre ununterbrochener Arbeit" brauchen würde, um die Trümmer in Aleppo zu beseitigen.

Dina tat ihr Bestes, um den alltäglichen Wahnsinn zu ignorieren. Drohende Giftgasattacken, die mögliche Entführung ihrer Kinder und der allgegenwärtige Mangel an Nahrungsmitteln und Wasser – an die Gefahren „da draußen" hatte sie sich gewöhnt.

Der Krieg, den sie selbst gerade verlor, tobte in ihren eigenen vier Wänden. Sie spürte, wie der Dauerstress ihre Seele auffraß. Außer den Kindern wusste nur noch Dinas jüngere Schwester, Aisha, was sie zu erleiden hatte.

„*Was?* Ich soll dankbar dafür sein, dass er mich nicht *jeden* Tag schlägt, sondern nur *fast* jeden Tag?"

Ein paar Tage nach ihrem Entschluss hatte Dina auf dem Weg zum Freitagsgebet Aisha ihr Herz ausgeschüttet.

„Erst schlägt er mich halbtot, und dann tut er sein Bestes, damit ich noch mehr Kinder von ihm bekomme! Das ist kein Mann, das ist ein Teufel!"

Aisha spürte, welche Richtung das Gespräch nahm.

„Dina, du kannst Mohammad nicht umbringen und dann weiterleben, als wäre nichts! Hast du etwa vergessen, dass du eine Frau bist? In unserer Religion sind die Männer für die Ehrenmorde zuständig, nicht die Frauen. Wenn *wir* so etwas tun, sind wir gewöhnliche Mörderinnen. Du kannst froh sein, wenn sie dich nur köpfen."

„Aisha, es geht ja nicht nur um mich. Ich bete täglich zu Allah, dass er es nicht zulässt, dass Mohammad seine Wut auch noch an meinen Kindern auslässt. Sie haben so ein Zuhause nicht verdient. Kein Kind hat das verdient. Und jedes Mal, wenn er mich schlägt, beruft Mohammad sich auf irgendwelche Stellen im Koran. Was für ein Bild von unserer Religion vermittelt das denn Jabar und Maha?"

Dina blieb stehen und sah Aisha an, dann starrte sie an den Menschen, die zu der Moschee strömten, vorbei.

„Aber vielleicht ist dieses Bild sogar die Wahrheit." Dina sagte es halb benommen. „Was für eine Religion ist das denn? Sind Frauen nur dazu geboren, Sklavinnen und Gebärmaschinen zu sein?" Sie sah wieder Aisha an. „Soll das unser Los sein? Unsere *Berufung*?"

Plötzlich trat ein Grinsen auf ihr Gesicht. „Aisha, ich hab's! Es wird keine Spuren hinterlassen, und das Schönste ist, dass Mohammad schön langsam sterben wird." Sie nickte zufrieden. „Ich weiß jetzt, wie ich's machen werde. Etwas Gift ins Essen mischen ist das Einfachste der Welt, und der Arzt wird denken, dass es Herzversagen war. Wenn sie sich am nächsten Morgen fragen, warum Mohammad nicht ins Geschäft kommt, sitze ich schon mit Jabar und Mala beim Frühstück in Beirut."

„Mach dich nicht lächerlich, Dina! Damit kommst du *nicht* durch! Kann ja sein, dass Mohammad dich nicht liebt, aber ich liebe dich und will dich nicht verlieren. Den Preis, den dich das kosten würde, ist es nicht wert." Aisha schüttelte energisch den Kopf. „Du bist nicht ganz klar im Kopf. Bitte versprich mir, dass du so was nie versuchen wirst!"

Sie holte Luft und fuhr fort: „Und außerdem ist gleich *Dschumma*. Wie können wir auch nur an so ein Thema *denken*, wenn wir auf dem Weg in die Moschee sind? Möge Allah nicht uns beide tot umfallen lassen!"

„Ich wünschte, er täte es!" Dina schrie es fast, während sie sich der Menge der Gläubigen anschloss.

„Psst, nicht so laut!“

Dinas Augen blitzten. „Aisha, mein ganzes Leben lang habe ich um eine gute Ehe gebetet, und was hab ich bekommen? Schläge, pausenlose Demütigungen, andere Frauen in meinem Bett und ein Mann, der schlimmer ist als ein Gefängniswärter! Nein, Aisha. Entweder ist Allah zu beschäftigt, sich um mich zu kümmern, oder ich bin ihm nicht wichtig genug.“

Dina drehte sich zurück und ging langsam weiter den Bürgersteig entlang. Sie sprach weiter, wie zu sich selbst. „Oder ist es noch ganz anders und wir beten zu dem falschen Gott, Aisha? Hast du schon mal daran gedacht?“

Aisha presste die Finger ihrer rechten Hand an ihre Stirn. „Dina, sobald wir drinnen in der Moschee sind, ist dieses Gespräch vorbei. Ich möchte es vergessen. Für immer! Und du vergisst es besser auch – es hat nie stattgefunden.“

Die beiden Frauen traten über die Schwelle der Großen Moschee.

„Salam, Sheikh Husseini.“ Aisha grüßte den siebzigjährigen Imam höflich und bedeutete Dina mit einem ernsten Blick zu schweigen. Dann nahm sie Kurs auf den Frauenbereich der Moschee, zog ihre Schuhe aus und schob sie in ein leeres Fach des bereits gut gefüllten Schuhregals.

Fünf Minuten später hallte die Stimme des alten Imams durch die Halle des Gebetshauses. Der Freitagsgottesdienst hatte begonnen. Hunderte Stimmen fielen ein: „Leite uns auf dem geraden Weg – dem Weg derer, die deine Gnade gefunden haben, nicht derer, die deinen Zorn verdient haben oder in die Irre gegangen sind.“

Die auswendig gelernten Worte rollten von Dinas Zunge. Es waren die Worte einer menschlichen Maschine, nicht die Herzensworte einer Frau.

45 Minuten später zog Aisha ihre Schuhe wieder an und trat hinaus auf die Straße, entschlossen, *selbst* das Heft in die Hand zu nehmen während der Unterhaltung auf dem Nachhauseweg.

„Dina, ich bin ja so stolz auf unsere Religion! Die Kämpfer der

Freien Syrische Armee haben das tausend Jahre alte Minarett zerstört, aber wir werden es wiederaufbauen, das weiß ich! Der sunnitische Islam ist die reinste und erhabenste Form des Islam.

Das widerwärtige alawitische Regime unseres elenden Präsidenten Bashar al-Assad wird uns nicht stoppen. Er steht kurz vor seinem Sturz. Ich sehe schon den Tag vor mir, an dem einer der Unseren Präsident von Syrien sein wird. Assad ist ein Jammerlappen, der ohne die Hilfe Irans schon längst tot wäre. Wie ich die Alawiten hasse!

Aber was ich noch mehr hasse, sind diese Christen. Jetzt, wo Krieg ist, verlassen sie unsere Stadt wie lauter verschreckte Esel. Von mir aus können sie gerne *alle* gehen!"

Dina rollte ihre Augen. „Aisha, wenn du aus der *Dschumma* rauskommst, bist du immer auf hundertachtzig." Sie hob ihre linke Augenbraue. „Vielleicht hättest *du* Mohammad heiraten sollen; an dir würde er sich vielleicht die Zähne ausbeißen."

Aishas Augen verengten sich. „Und wer von uns beiden redet von Mord, liebste Schwester?"

Zum ersten Mal, seit die beiden jungen Frauen sich vor über einer Stunde getroffen hatten, wurde Dinas Blick entspannter. Sie gluckste.

„Gut, da ist was dran." Ihr rechter Zeigefinger hob sich. „Aber jetzt fängst du an, wie Sheikh Husseini zu klingen, und der macht mir Angst."

Sie schüttelte den Kopf. „Kein Wunder, dass Mohammad ihn so schätzt. Aber hast du gemerkt, dass er heute nicht so radikal klang wie sonst? Er hat wohl keine Wahl in diesen Zeiten, wo Assads Geheimpolizei die Stadt unsicher macht. Ich frage mich, wie viele von denen gerade eben in der Moschee waren. Assads Spione gehören zu den frömmsten Muslimen in Syrien, sie lassen kein Freitagsgebet aus! Und ich bin sicher, sie berichten jedes Wort aus den Predigten der Imame und Sheikhs an ihre Vorgesetzten."

Aisha runzelte die Stirn; den Rest des Weges nach Hause war sie einsilbig.

## Manchmal Ehefrau, immer Opfer

„Hallo, Mama!"

Die beiden Kinder kamen in die Küche gerannt und holten Dina in die Gegenwart zurück. Sie nahm das Fleischmesser und schob es in eine der Schubladen neben der Spüle. Gut, dass die Kinder sich an die gedämpften Geräusche aus dem Schlafzimmer gewöhnt hatten, wenn ihr Vater die nächste Frau zu Gast hatte. Trotzdem: Wie immer an solchen Abenden sagte Dina den beiden auch diesmal: „Kommt, wir machen einen Spaziergang, zu Tante Aisha."

Maha und Jabar wurden oft für Zwillinge gehalten, aber Maha war zehn Monate älter als ihr Bruder. Für die Hadad-Kinder war es immer ein kleines Fest, wenn sie nach der Schule direkt zu Tante Aisha konnten, was immer häufiger der Fall war.

„Eure Tante Aisha hat frisch gebacken, extra für euch! Vielleicht lädt sie uns sogar zum Abendessen ein."

Dina trippelte mit den beiden die Straße entlang, aber hinter ihrem Lächeln verbarg sich ein Herz, das dabei war, wegen ihrer Kinder zu zerbrechen. Ihre lieben, unschuldigen Kinder hatten ihn nicht verdient, diesen narzisstischen Vater, der es für sein gutes Recht als muslimischer Mann hielt, seine Frau mit anderen Frauen zu betrügen.

Die drei gingen die Treppe zu Aishas Wohnung hoch, die im dritten Stock lag. Noch bevor Dina ein Wort sagen konnte, wusste ihre Schwester, warum sie da waren. Maha und Jabar machten sich über den Kuchen her, während Aisha Dina in das Wohnzimmer zog.

„Mohammad ist ein Ekel, Dina! Ich hab darüber nachgedacht und sehe das so wie du, Schwester. Nach allem, was er dir angetan hat, werde ich Freudentänze aufführen an dem Tag, an dem er stirbt! Wer ist denn heute Abend die Glückliche? Jemand Neues oder dieselbe wie letztes Mal?"

Dina schloss halb betreten, halb angewidert die Augen, bevor sie antwortete.

„Dieselbe", murmelte sie. „Ich hab ihr Auto gesehen. Sie hat es sich bestimmt von all dem Geld gekauft, das sie mit ihren ‚Zeit-Ehen' verdient. Du weißt genauso gut wie ich, dass sie ihn unmöglich attraktiv finden kann." Dina lächelte sarkastisch.

„Außer sie ist blind", kicherte Aisha, ihrer Schwester auf die Schulter klopfend, während sie zurück in die Küche ging. Sie würde das Abendessen etwas strecken müssen für die drei Extra-Esser.

Kurz nach neun Uhr sah Dina von Aishas Wohnung aus, dass das Auto, das vor der Wohnung der Hadads gestanden hatte, verschwunden war. Mohammads Rendezvous war also vorbei. Dina nahm die Kinder und machte sich auf den Weg nach Hause.

Sie hatte keine Angst vor den Bomben – sie waren zu weit weg, um ihnen heute schaden zu können – und sie schätzte, dass sie heute Abend auch keine Angst vor Mohammad zu haben brauchte. Er würde gut gelaunt sein und seine Freundin in den höchsten Tönen loben. Was für ein Witz ihre Ehe doch war! Aber vielen anderen Frauen erging es genauso.

Dina öffnete die Wohnungstür, und ein Lächeln trat auf ihr Gesicht, als ihr der Gedanke durch den Kopf schoss: *Wie schön wird das sein, wenn er tot daliegen wird.*

„Maha und Jabal!" Mohammads Stimme dröhnte durch den Flur. „Kommt her, damit Papa euch umarmen kann!"

Mit ausgebreiteten Armen stand er in der Tür zum Wohnzimmer.

„Hattet ihr einen schönen Tag? Papas Tag war *sehr* schön! Er hat heute gute Geschäfte gemacht. Ihr dürft stolz sein. Alle drei Familienbetriebe bringen riesige Profite, und das mitten im Krieg! Nach so einem tollen Tag musste ich ein bisschen feiern."

Er drehte sich zu Dina. „Und wie geht es dir, Schätzchen? Hast du einen schönen Besuch gemacht?"

Dinas Magen kribbelte. Der Klang von Mohammads Stimme, der Anblick seines Gesichts – es drehte ihr fast den Magen um. Sie wusste, was jetzt kommen würde: die übliche Lobeshymne auf seine Freundin.

„Dina, ich habe alle erforderlichen Unterschriften für meinen

*Mutah*-Vertrag zusammen.[3] Du weißt ja, dass ich die Regeln immer strikt einhalte." Er holte tief Luft. „Was für eine tolle Religion wir doch haben, die so klar erkennt, dass Männer ihre Bedürfnisse haben. Sheikh Husseini hat das natürlich ohne Wenn und Aber genehmigt. Und Hadiya ist hochzufrieden; sie sagt, ich bin ein echter Liebhaber."

Er zwinkerte mit den Augen. „Mein Extra-Schäferstündchen hat meine romantischen Gefühle für meine schöne Frau heute Abend besonders groß gemacht!"

Mohammad sah Dina an, ein breites Grinsen auf dem Gesicht. Dina drehte sich abrupt um, stürzte in die Küche und erbrach sich in die Spüle.

## Ein Komplott nimmt Gestalt an

Am nächsten Morgen trafen sich Dina und Aisha zu einem Spaziergang um den Häuserblock. Nachdem sie Dinas Bericht über den Abend gehört hatte, schüttelte Aisha den Kopf.

„Ich muss gestehen, Dina: Ich liebe am Islam alles – außer der *Mutah*. Sie mag zu unserer Religion gehören, aber sie ist absolut böse." Sie legte die Hand an ihre Stirn. „Und es gibt also sogar Frauen, die damit ihr Geld verdienen! Das ist doch pervers!" Sie hielt inne. „Kommt das wirklich aus unserer Religion? Das muss aus dem Westen sein – wahrscheinlich Amerika."

Dina schaute ihre Schwester von der Seite an. „Aisha, das *kommt* aus unserer Religion! Glaub mir, das hat Mohammad mir klargemacht. Die einzigen Suren, die er kennt, sind die über die Vorrechte der Männer und den Sex. Sein Lieblingssatz ist: ‚Der Große Prophet hatte dreizehn Frauen.'"

„Ach, ein Prophet will dein Mann sein? Das ist ein Sexbesessener,

---

3 Eine *Mutah* ist ein Vertrag für eine sog. „Zeitehe", die in bestimmten Richtungen des Islam geschlossen werden kann. Der Ehevertrag muss von einem Sheikh oder Imam genehmigt sein.

der unsere Religion als Vorwand benutzt. Doch unser Großer Prophet hatte ein Recht auf seine dreizehn Frauen, Dina."

„Und warum, wenn ich das mal fragen darf, Aisha? Früher habe ich das auch geglaubt, aber heute nicht mehr. Du klingst gerade so wie ein strammer männlicher Muslim. Jahrhundertelang haben muslimische Frauen diese Perversität erdulden müssen, und alles nur wegen des Propheten."

„Dina! Wie kannst du es wagen!" Aisha hob ihre Hand, als wollte sie ihre Schwester ohrfeigen.

Dina blieb stehen, drehte sich zu ihrer Schwester hin und ließ ihren Zeigefinger hochschnellen. „Falls du nicht richtig mitgezählt hast, Aisha: Mein frommer Ehemann, der den Koran und den Propheten so verehrt, hat noch mehr Frauen gehabt als der Große Prophet. Und er führt genauso pingelig Buch über sie wie über seine Geschäfte." Sie machte eine theatralische Pause. „Mohammad führt ein Zeitehefrauen-Register."

Aisha schnappte nach Luft.

„Jawohl. Er ist so von sich eingenommen, dass er jedem, der es hören will, von jeder neuen Frau erzählt. Gestern Abend hat er die Nummer 66 gehabt."

Aisha blieb abrupt stehen. Mehrere Sekunden war sie sprachlos, dann sah sie ihre Schwester an und keuchte: „Töte ihn! Ich helfe dir, Schwester. Ich kaufe dir gerne das Rattengift."

## Rettung durch den Krieg

Mohammad Hadad wachte schweißgebadet auf. Er stieß seine schlafende Frau an.

„Dina, ich habe wieder so einen Traum von einem Mann in einem weißen Gewand gehabt. Wer ist das?"

Ohne die Augen zu öffnen, murmelte Dina: „Das weiß ich nicht, Mohammad. Schlaf weiter, bitte."

Mohammad lag wach und grübelte weiter über seinen Traum nach. Er lauschte dem fernen Donnern der Geschütze. Nach ein paar Minuten merkte er, dass der Lärm aufgehört hatte. Die plötzliche Stille machte ihm eine Gänsehaut. Dann erfolgte unvermittelt eine ungeheure Explosion in der Straße vor dem Haus. Das ganze Gebäude schwankte und das Schlafzimmerfenster zersplitterte. Ein Scherbenregen schlug gegen die Wände.

Die beiden Kinder schrien auf. Überall hörte man Schreie. Von den Kindern der Nachbarwohnungen. Schreie von draußen. Dina fuhr erschrocken auf, als Maha und Jahar ins Bett gesprungen kamen.

Dann merkte Mohammad, dass das Handy klingelte. Seine Augen weiteten sich. Das war der Anruf, auf den er gewartet, ja um den er gebetet hatte.

Er nahm den Anruf entgegen und hörte kurz zu. Wie jemand, der Anweisungen entgegennahm. Dann schaltete er das Handy aus und packte seine Frau am Arm.

„Dina, nimm die Kinder und fahr mit ihnen zu deinen Eltern! Auf der anderen Seite der Stadt seid ihr sicherer. Heute ist die Nacht der Entscheidung! Unsere muslimischen Brüder sind gekommen, um Bashar al-Assads Soldaten ein für alle Mal zu besiegen. Diese dreckigen Alawiten und andere abtrünnige Muslime haben sich von diesem Verführer blenden lassen. Aber wir werden sie ausradieren, bis zum letzten Mann!" Er sah Dina beschwörend an. „Nimm das Auto und *hau ab*!"

Minuten später schob Dina einen Koffer mit ein paar Tagesrationen Kleidung für sie und die Kinder in das Auto. Dann setzte sie Maha und Jabar auf die Rücksitzbank und nahm hinter dem Lenkrad Platz. Neue Explosionen, irgendwo in der Nähe. Dina startete den Motor und brauste los, in Richtung des Viertels, in dem ihre Eltern wohnten.

Nach einem guten Kilometer ging es nur noch im Schritttempo weiter. Sie waren nicht die Einzigen, die auf der Flucht vor den Kämpfen waren, dazu kamen Straßensperren.

Aber was war das? Ein fast leerer Parkplatz neben einem Lebensmittelladen. Dina bog hinein und schoss hindurch, zu der schmalen Straße hinter dem Gebäude. Sie schlängelte sich, so schnell es ging, durch das Viertel, wich mehreren Kontrollpunkten aus. Dann fand sie eine Hauptstraße, die nach Westen führte, wo ihre Eltern wohnten. Sie konnte ihr Glück kaum fassen.

Sie hatte so dringend eine Atempause gebraucht, und jetzt war sie da. Sie war nicht nur weg aus der Kampfzone, sondern auch weg von Mohammad. Die Aussichten waren gut, dass er und der Rest seiner Terroristenfreunde an diesem Abend – oder jedenfalls in den nächsten paar Tagen – ums Leben kämen. Aber selbst, wenn er überleben sollte – Dina würde nicht zu ihm zurückgehen. Ihre Mundwinkel formten sich zu einem Lächeln. Einen kurzen Augenblick lang tat Mohammad ihr leid. Aber nur einen Augenblick.

## Mohammads Wunder

„Aisha." Dina hielt mit der einen Hand das Lenkrad fest, mit der anderen ihr Handy. „Wo bist du? *Dein* Mann war doch hoffentlich nicht dumm genug, zu bleiben, um gegen die syrische Armee zu kämpfen?"

„Nein, Dina, keine Bange. Abdullah ist hier bei mir, und wir werden gleich bei den Eltern sein. Ist Mohammad bei dir?"

„Nein. Er ist geblieben. Er will kämpfen bis zum Tod."

Nanu, warum blieb Aisha so lange still? Dann sah Dina ihre SMS und begriff. Ihre Schwester wollte nicht, dass Abdullah ihre Antwort mitbekam. Dina ließ vor Lachen fast das Handy fallen, als sie den Text las: *Ich kauf dann also kein Rattengift.*

Dina beendete das Gespräch. Zum zweiten Mal in dieser Nacht tat Mohammad ihr ein bisschen leid, der Mann, den sie hatte umbringen wollen.

Einige Kilometer entfernt vom Haus von Dinas Eltern waren Mohammad und die neuen Kämpfer der Freien Syrischen Armee (FSA) zusammengekommen, um ihre Befehle entgegenzunehmen. Mohammad war offiziell kein Mitglied der Oppositionsgruppe, unterstützte aber mit seinen drei Firmen ihre Aktionen. Dreieinhalb Jahre lang hatte er sich durch großzügige Spenden von aktiven Kampfeinsätzen freigekauft.

Doch diese Phase war jetzt vorbei.

In dem überfüllten Raum stand eine beachtliche Anzahl ehemaliger Generäle von Präsident Assad. Alle waren erst vor Kurzem desertiert. Bald würde Aleppo ihre blutige Rache zu spüren bekommen. Die FSA-Rebellen hielten die östliche Hälfte der Stadt, während die westliche unter der Kontrolle der Regierung war.

Doch bevor die Generäle ihre Schlachtpläne erklären konnten, erhellte ein Feuerwerk von Explosionen den Himmel über Aleppo, und das Gebäude, in dem die Rebellen sich versammelt hatten, begann einzustürzen. Die Versammlung löste sich hastig auf, und alle stürzten zu den Ausgängen.

Draußen sprintete Mohammad die al-Khadanq-Straße entlang, vorbei an Hunderten Bewohnern des Viertels, die in panischer Angst und orientierungslos durch die Gegend rannten. Auch er wusste nicht recht, wo er hinsollte, aber tatenlos auf das Schicksal warten, das kam für ihn nicht infrage. Und so rannte er durch das Labyrinth der Nebenstraßen, hoffend und zu Allah betend, dass er am Leben bleiben würde, um für die Sache der Rebellen zu kämpfen.

Regierungssoldaten durchkämmten die Straßen, gingen von Haus zu Haus, auf der Suche nach Rebellen, um sie zu verhaften oder sofort zu erschießen. Mohammad blieb im Schatten und schlich sich an ganzen Häuserblocks vorbei, die leer standen, weil die meisten Bewohner geflüchtet waren, als die Kämpfe näher kamen.

Dann und wann blieb er in einer dunklen Ecke stehen und schaute zu, wie ein paar Menschen, die geblieben waren, ihre Türen öffneten und die Soldaten willkommen hießen.

Es gab in der Stadt große Widerstandsnester von regierungsfeindlichen Oppositionsgruppen. Seit Wochen raunte man sich zu, dass die Tage von Bashar al-Assad gezählt seien. Die heftigen Explosionen in dieser Nacht kamen von angreifenden syrischen Hubschraubern, die später sogar Fassbomben auf Aleppo abwarfen.

Der Himmel gab keine Ruhe. Die Explosionen ließen Mohammad weiterrennen. Er staunte, dass er jetzt schon eine halbe Stunde durch die Straßen geirrt war, ohne getroffen zu werden. War das ein siebter Sinn? Er blieb schwer atmend stehen und lehnte sich an die verdreckte Mauer eines ausgebrannten Hauses. Aber was war das für ein Geräusch hinter seiner rechten Schulter? Da hatte gerade jemand die Tür zu einem Keller zugezogen. Von innen. Mohammad richtete sich auf, sprang zur Tür und drehte den Türknopf.

*Eigentlich keine schlechte Idee,* dachte er, *sich in einer halben Ruine zu verstecken. Assads Männer werden keine Bomben für ein Haus vergeuden, das schon zerstört ist.*

Er schlüpfte durch die Tür, drehte sich um, um sie im Blick zu behalten, falls jemand ihm folgte, und ging langsam rückwärts eine knarrende Holztreppe hinunter. Es war dunkel. Als er halb unten war, erstarrte er. Er war ja nicht allein hier! Aus seiner Hosentasche zog er eine Schachtel Streichhölzer, zündete eines an und leuchtete damit den Rest der Treppe hinunter. Der Schein der Flamme spiegelte sich in mehreren Dutzend angstgeweiteten Augen.

In dem Treppenhaus sowie dem Rest des Kellergeschosses waren etliche muslimische Familien. Als sie Mohammad sahen, befürchteten sie das Schlimmste. War das ein Soldat? Auf wessen Seite war er? Auf wessen Seite sollten sie sein, wenn er sie fragte? Mohammad wusste nicht, wer diese Menschen – insgesamt wohl 173 Personen – waren; egal, er brauchte Freunde und keine Feinde.

„Habt keine Angst, ich bin auf eurer Seite." Er hob seine linke Hand zu einer beruhigenden Geste.

Die Menge machte ihm Platz, und Mohammad setzte sich unten auf die drittletzte Stufe der Treppe. Ein Plan begann sich in seinem

Hinterkopf zu bilden, während er das immer noch brennende Streichholz in seiner rechten Hand musterte. Mit der linken Hand langte er in seine Hemdentasche und zog eine Zigarette aus der Schachtel. Er hielt den Rest des Streichholzes an die Zigarette, nahm einen Zug und genoss den kurzen Augenblick der Entspannung.

Eine Weile lang beäugten sich die Kellerflüchtlinge und der Fremde schweigend, während Mohammad rauchte. Dann übernahm er endgültig die Initiative.

„Ich weiß, ihr habt alle Angst. Ich nicht! Die Freie Syrische Armee wird das Ungeziefer, das unser Land ruiniert hat, zum Teufel jagen. Es dauert nicht mehr lange!

Ich war einmal ein stolzer Soldat in Assads Armee. Ich träumte von dem Tag, wo Syrien den gesamten Nahen Osten kontrollieren und dem elenden Judenstaat endlich den Garaus machen würde. Ich liebe mein Land. Ich bin in Syrien geboren, und ich werde in Syrien sterben."

Er erhob sich. Jetzt stand er da wie an einem Rednerpult. Er, ja, er war der Führer dieser verängstigten Gruppe hier unten.

„Ja, früher war ich loyal zu Assad. Aber dann, am 15. März 2011, erkannte ich – und erkannten viele von uns –, was uns wirklich daran hinderte, wieder die Nummer Eins im Nahen Osten zu werden. Bashar al-Assad war nicht der Weg in die Zukunft; er war das größte Hindernis.

Wir in der Armee waren keine Dummköpfe, und ich war nicht allein. Innerhalb eines Jahres haben *sechzigtausend* Soldaten Assad den Rücken gekehrt. *Vierzig* Generäle haben ihn verlassen, die jetzt auf unserer Seite sind. Wir – werden – siegen!"

Als ob Assads Armee eine Abhörwanze in dem Keller installiert hatte, explodierte exakt bei dem Wort *siegen* über den im Keller Versammelten eine Granate eines russischen T-73B3-Panzers, und die verbliebenen oberen Stockwerke begannen, eines nach dem anderen einzustürzen. Die Menschen in dem Keller warfen sich instinktiv auf den Boden, und aus hundert Mündern stiegen Gebete empor. *Allah, hilf uns, dass wir nicht lebendig begraben werden …*

Mohammad, der sich auf seiner Treppenstufe ebenfalls geduckt hatte, schaute kurz zu der massiven Betondecke hoch. Sie hatte gehalten, aber die Luft war voll von Rauch und Staub; die Leute husteten, rangen nach Luft. Mohammad und ein zweiter Mann, der Abdul hieß und ebenfalls zur Freien Syrischen Armee gehörte, wurden in diesem Augenblick praktisch die Führer der Menschen in dem Keller. Sofort erkannten sie den ganzen Ernst der Lage. Das Gebäude, in dem sie saßen, stand im Zentrum der Kampfzone. Assads Männer hatten die Entscheidungsschlacht um das älteste Viertel der Stadt gestartet, und wo die Soldaten mit einer Straße fertig waren, wurden Scharfschützen stationiert, die auf alle schießen sollten, die keine Alawiten waren.

Mohammad und Abdul wischten die Scheibe eines Fensters, das zur Straße wies, sauber. Auf den Dächern benachbarter Gebäude sah man Scharfschützen. Stand vielleicht sogar einer auf den Resten des Gebäudes, in dessen Keller sie saßen? Dass sie den Einsturz des Hauses überlebt hatten, war eindeutig ein Wunder – so viel war beiden Männern klar. Noch wussten sie nicht, dass dies nicht das letzte Wunder sein sollte, das sie in den kommenden Tagen erleben würden.

Nach einer Weile ergriff Abdul das Wort. „Die gute Nachricht ist: Falls die syrische Armee mitgekriegt hat, dass sich hier im Keller Leute versteckt haben, halten sie uns jetzt alle für tot." Er zeigte auf die Rückwand des Kellers. „Ich hab mir auch den Schutt da hinten angesehen, und ich glaube, wir könnten uns da einen Weg freigraben. Wir müssten allerdings echt leise sein, damit unsere ‚Aufseher' draußen nicht merken, dass hier jemand ist. Sonst wären wir geliefert."

Mohammad schüttelte seinen Kopf. „Wir *sind* schon geliefert, Abdul. Wer weiß, wie lange dieses Gebäude noch steht? Das Beste wird sein, wir bleiben, wo wir sind, damit wir nicht wieder beschossen werden. Noch eine Granate, und wir werden lebendig begraben. Vielleicht verziehen die Soldaten sich bald wieder. Und ein bisschen Essensvorräte haben wir ja."

An diesem ersten Abend legten die Flüchtlinge in dem Keller die Vorräte zusammen, die sie mitgebracht hatten: Honig, Falafel,

Pitabrot, Hummus, sogar etwas Baklava. Mohammed schätzte, dass es bei sparsamem Verzehr für eine Woche reichen würde. Noch wichtiger war, dass das Waschbecken in der einen Toilette, die es hier unten gab, noch funktionierte; es gab also Trinkwasser. Dafür war der Gestank der mit Mühe und Not funktionierenden Toilette überwältigend.

Mohammad und Abdul taten ihr Bestes, um die Moral hoch und die Gruppe am Leben zu halten. Doch viele ertrugen die drangvolle Enge nicht und versuchten, den Warnungen der beiden FSA-Kämpfer zum Trotz, nach draußen zu entkommen. Die meisten konnten bald nur noch an frische Luft denken, und in Gruppen von zwei oder drei beschlossen sie, sich in der nächsten Nacht nach draußen zu schleichen. Doch jeder neue Versuch brachte statt der ersehnten Freiheit den Tod. Mohammad hatte recht: Draußen lauerten Scharfschützen, die die Anweisung hatten, alles zu töten, was sich bewegte. Insgesamt erschossen sie 157 der Kellerbewohner. Am Leben blieben nur die, die nicht versuchten, nach draußen zu kommen.

Als am Ende des sechsten Tages die Nahrungsvorräte zur Neige gingen, nahm die Verzweiflung weiter zu. Kaum jemand sagte ein Wort.

In der Frühe des siebten Tages saßen Mohammad und Abdul apathisch auf der untersten Stufe der Treppe. Plötzlich klopfte es kurz, aber deutlich an der Scheibe des Fensters, das zur Straße wies. Alle in dem Keller duckten sich auf den Boden, um nur ja nicht gesehen zu werden. Wenn Assads Soldaten das Versteck gefunden hatten, wäre es bald aus mit ihnen allen.

Abdul stellte sich vorsichtig auf die Zehenspitzen, zog sich hoch zu dem dreckigen Fensterglas, und linste hindurch. Er zuckte zusammen, setzte sich hastig wieder, sah Mohammad aus aufgerissenen Augen an und flüsterte laut: „Das ist *er* wieder!"

„Wie meinst du das? Wer ist *er*? Ein Soldat?"

„Nein. Der Mann in dem weißen Gewand."

„Abdul, fantasierst du?"

„Nein, Mohammad, absolut nicht. Er hat mir zu essen gebracht, als ich letzten Monat eine Woche lang nicht aus meinem Büro konnte."

„Derselbe Mann? Und jetzt siehst du ihn zum zweiten Mal?"

„Ja. Aber das ist noch nicht alles; ich erzähl dir die Geschichte später. Jetzt hilf mir eben, das Fenster aufzumachen." Abdul zeigte nach oben. „Der hat Brot und Wasser für uns. Für uns *alle*!"

Abdul und Mohammad standen auf – und sahen, dass das Fenster bereits von außen geöffnet worden war. In bequemer Reichweite standen Tüten mit Nahrungsmitteln und Kanister mit Wasser.

---

Die Schlacht um Aleppo hatte vier endlose Jahre gedauert. Weder die fundamentalistischen Rebellengruppen wie Jabhat al-Nusra und Al Kaida noch die Freie Syrische Armee ließen locker. Es wurde die längste militärische Belagerung in der neueren Geschichte, das „syrische Stalingrad", das jeden zehnten Bewohner Aleppos das Leben kostete.

Während Abdul, Mohammad und die anderen Überlebenden in dem Keller hockten, durchkämmten draußen Panzer und gepanzerte Personentransporter die Stadt. Sie beherrschten die Straßen, während die Syrian Arab Air Force dank der Unterstützung durch die russische Luftstreitmacht Wladimir Putins den Himmel beherrschte. Gemeinsam zerstörten sie mehr als 30 000 Gebäude.

Wenige Tage später endete die Belagerung des Viertels, in dem sich Mohammad und die anderen versteckten. Die Scharfschützen zogen ab. Mohammad und Abdul halfen den vierzehn anderen Überlebenden durch das beschädigte Fenster, durch das andere in den Tod gegangen waren. Ihre Zeit im Keller war vorbei. Die beiden gingen bis zur nächsten Straßenecke durch die Trümmer, dann blieben sie stehen, um die frische Luft einzusaugen. Zehn Tage hatte Mohammad in dem Keller verbracht. Verdreckt, aber dankbar, dass sie lebten, standen die beiden mehrere Minuten schweigend da, dann bedeutete Abdul seinem Gefährten weiterzugehen. Die Augen auf den Boden gerichtet, begann er zu reden.

„Mohammad, der Mann in dem weißen Gewand, der uns das Brot und das Wasser gebracht hat … das war Jesus. Das ist dir doch klar, oder?"

Mohammad nickte langsam, während er sich mit der linken Hand über das Kinn strich. „Ja, doch. Er hat mich schon öfter im Traum besucht – auch die letzten Tage, in diesem Kellerloch. Abdul, warum haben wir überlebt, wenn so viele andere gestorben sind? Warum ausgerechnet wir?"

Abdul antwortete nicht. Mohammad ging schweigend ein halbes Dutzend Schritte weiter, dann fuhr er fort: „Die Leute werden denken, wir haben Halluzinationen gehabt, wenn wir ihnen was von einem Mann in Weiß sagen, der uns zu essen gebracht hat."

„Wie können sie das machen, Mohammad, wenn wir doch vierzehn Zeugen haben, die ihn ebenfalls gesehen haben?"

„Die Leute werden uns nicht glauben, Abdul, das weißt du."

Abdul nickte gedankenverloren, während sie schweigend weitergingen. An einer Straßenecke blieben sie stehen. Es war eine Kreuzung in der Nähe des Nationalmuseums, die nur mit Mühe wiederzuerkennen war. Hier mussten sie sich trennen, um jeder zu seiner Familie zu kommen. Sie umarmten sich zum Abschied. Es war nicht ein flüchtiges arabisches „Tschüs", sondern ein inbrünstiges „Auf Wiedersehen" zweier Männer, die in dem Feuersturm, den sie überlebt hatten, zu Brüdern geworden waren.

Mohammad ging Richtung Westen, wo Dina und die Kinder waren. Aber unterwegs hatte er noch etwas vor. Vor der armenischen Emmanuel-Kirche blieb er stehen. Das Dach der Kirche war so schwer beschädigt, dass es einzustürzen drohte, sodass die paar Dutzend Gläubigen auf dem Bürgersteig knieten, um ihren Gottesdienst zu halten. Sie nahmen kaum Notiz von Mohammad, der die Gelegenheit nutzte, um leise durch die geöffnete Tür in das Gotteshaus zu treten.

Er sah sich um. Da auf dem staubigen Tisch – das war es, was er suchte.

Mohammad nahm die Bibel an sich und ging wieder.

## Ein neues Herz

„Aisha, was ist bloß mit mir los?“ Dina starrte auf den Teppich im Wohnzimmer ihrer Eltern, während sie mit ihrer Schwester sprach, die am anderen Ende des Sofas saß. „Ich muss immer wieder an Mohammad denken.“

„Du meinst, in einem positiven Sinn?“

Dina sah Aisha an und nickte. „Das klingt verrückt, nicht? Aber ja, es ist so.“

Dina hatte ihren Eltern in den Tagen, die sie bei ihnen gewesen war, eine Szene nach der anderen aus ihrem Ehe-Alptraum erzählt. Das einzig Gute an diesem Alptraum waren die beiden Kinder, die sie innig liebte. Aber ihre Eltern waren strenge Muslime, für die es undenkbar war, dass ihre Tochter ihren Ehemann verließ, egal, wie viele andere Frauen er hatte.

Dina mochte sich nicht vorstellen, was ihre Eltern denken würden, wenn sie wüssten, dass sie für Mohammads Tod im Bürgerkrieg gebetet hatte – und dass sie überlegt hatte, ihn zu töten, sollten es die Gewehrkugeln wider Erwarten nicht geschafft haben.

Obwohl ihr diese Möglichkeit allmählich nicht mehr realistisch vorkam. Sie war jetzt seit zwei Wochen bei ihren Eltern und der Waffenstillstand war offiziell in Kraft getreten, aber sie konnte sich nicht vorstellen, dass Mohammad den Kampf überlebt hatte.

Dinas Mutter schien sich kaum Gedanken um Mohammad zu machen. Als das Ende der Kämpfe verkündet worden war, hatte sie mehrere Tage lang ein Festessen für die ganze Familie vorbereitet. Dina hatte ihr geholfen, wo sie konnte, einfach um auf andere Gedanken zu kommen.

Dina, ihre Kinder, ihre Eltern, Aisha und deren Mann hatten sich gerade am Esstisch versammelt, als ein heftiges Klopfen an der Tür sie zusammenfahren ließ. Noch innerlich aufgewühlt von den wochenlangen Kämpfen, sahen sie einander nervös an.

Es dauerte ein paar Sekunden, dann nickte Aisha, zeigte auf sich selbst und erhob sich langsam. Sie ging durch das Zimmer, öffnete die Wohnungstür – und stolperte erschreckt zwei Schritte zurück.

Mohammad trat ein. Erst sah er Aisha an, dann einen nach dem anderen die übrigen Familienmitglieder, bis seine Augen sich auf Dina hefteten. Er lächelte. Nanu, er lächelte richtig freundlich.

*„As-salaam-aleikum – Friede sei mit euch."*

Niemand sagte ein Wort, aber Maha und Jabar sprangen von ihren Stühlen auf und rannten zu ihrem Vater. Dina rappelte sich auf, geschockt von der plötzlichen Rückkehr ihres Peinigers, und ging langsam auf ihren Mann zu.

Eine Armeslänge entfernt von ihm blieb sie stehen und flüsterte: „Ich dachte … Ich dachte, du wärst …"

„Tot? Hast du das gedacht? Oder gehofft, Dina?"

Mohammad lächelte nicht mehr. Er seufzte tief auf, dann fuhr er fort: „Nach dem, was ich dir angetan hab, Dina, könnte ich dir nicht böse sein, wenn du denkst, dass es besser für dich wäre, wenn ich tot bin. Ich muss wohl froh sein, dass du mich nicht selbst umgebracht hast."

Plötzlich lachten erst seine Augen, und dann lachte der ganze Mann. Dina zwang sich mitzulachen; sie fand, dass sie keine schlechte Schauspielerin war.

Mohammad nahm die Hand seiner Frau. „Dina, wir bleiben noch ein paar Tage hier, und dann gehen wir zurück nach Hause. In unserem Viertel steht nicht mehr alles und hier und da wird noch geschossen, aber unserer Wohnung ist nichts passiert. Ich habe extra nachgeschaut, bevor ich hierhergekommen bin." Er unterbrach sich und sah sie fast zärtlich an. „Ich kann's nicht erwarten, dir meine Geschichte zu erzählen."

Dina konnte ihre Enttäuschung kaum verbergen; sie schaute zur Seite. Elf Tage war sie frei gewesen von dem Mann, der ihr Leben, ihre Freude und alle ihre Hoffnung gestohlen hatte. Aber sie konnte sich schlecht weigern, mit ihm zu gehen, und ihre Eltern würden ihr nicht helfen. Sie musste zurück in ihr Gefängnis.

## Ein Ehemann packt aus

In den nächsten Monaten tat Mohammad alles, um sein seltsames Verhalten vor Dina zu verbergen. Er durfte ihr erst dann von seinen neuen Aktivitäten erzählen, wenn die Zeit reif war. Und so wartete er jeden Abend, bis seine Frau im Bett war, bevor er die gestohlene Bibel hinter den anderen Büchern auf dem Regal im Wohnzimmer hervorholte und stundenlang in ihr las.

Die Schlacht um Aleppo war vorbei, aber in anderen Gegenden Syriens ging der Krieg weiter. Mohammad versuchte, nicht zu viel daran zu denken. Er hoffte, dass seine alten fundamentalistischen Freunde davon ausgingen, dass er tot war. Seine neue Leidenschaft war der Mann in dem weißen Gewand. Jeden Abend las er in seiner Bibel, und in den meisten Nächten schenkten ihm die Träume über Jesus einen tiefen Frieden.

Dieser Friede strahlte auf die ganze Familie aus, auch wenn weder Dina noch die Kinder wussten, wo er herkam. Mohammad wurde nicht mehr wütend oder laut, und seine Frau schlug er kein einziges Mal mehr.

In ganz Aleppo kannte Mohammad nur einen einzigen Christen. Und so machte er sich eines warmen Morgens im Spätfrühling auf den Weg zu Nizar, um ihm von seinen Jesus-Träumen zu erzählen. Er hatte vorgehabt, eine Stunde zu bleiben. Aus der Stunde wurden mehrere; bis in den Nachmittag hinein löcherte Mohammad Nizar mit seinen Fragen über Jesus und die Bibel.

Nizar empfahl Mohammad eine kleine christliche Gemeinde, wo

Muslime ihre Fragen stellen konnten und von ähnlichen Erlebnissen wie Mohammad erzählten. Er versicherte dem ehemaligen FSA-Offizier, dass jeder dort seine Privatsphäre respektieren würde. Niemand sonst würde erfahren, dass er in diese Gemeinde ging. In den nächsten sechs Monaten verpasste Mohammad keines der Treffen.

Derweil hatte Dina ihre eigenen Verabredungen. Einmal in der Woche traf sie sich mit Aisha und versuchte, ihre Verwirrung angesichts von Mohammads merkwürdigem, aber nicht unwillkommenem neuen Verhalten in Worte zu fassen. Aisha hatte ihre eigenen Theorien. Bestimmt nahm Mohammad Drogen? Vielleicht hatte der Arzt sie ihm sogar verschrieben, gegen das Trauma-Syndrom, das er durch seine Kriegserlebnisse erlitten hatte. Oder – und dies fand Aisha wahrscheinlicher – er hatte sich schlicht eine andere Frau genommen, die er jetzt regelmäßig besuchte. Dina zweifelte an beiden Erklärungen; sie selbst hatte keine.

Gegen Ende des Jahres machte Mohammad seinen ersten Versuch, sich Dina gegenüber zu öffnen. Nach einem seiner Sonntagsausflüge in die Gemeinde trat er leise in das Wohnzimmer, wo Dina saß und las.

„Dina", begann er leise, „ich muss dir was sagen."

Dina schaute von ihrem Buch hoch, aber sagte nichts. Und dann öffnete Mohammad Hadad zum ersten Mal in seiner Ehe seiner Frau sein Herz.

„Dina, als um uns herum der Krieg tobte, erschien mir in meinen Träumen viele Male ein Mann. Es war jedes Mal derselbe, und ich muss dir sagen, wer das war." Er unterbrach sich. „Der Mann war Jesus. Und dann habe ich irgendwann angefangen, die Bibel zu lesen – und fand sie tröstlicher als alles andere, was ich je gelesen habe. Und darauf machte ich den nächsten Schritt.

Ich ging in eine Kirche. Das mache ich jetzt jeden Sonntag. Mach dir keine Sorgen; niemand sieht, wenn ich da reingehe, ich bin vorsichtig.

Dina, dort habe ich Worte gehört, die ich mein ganzes Leben nicht gehört habe. Dass Jesus mir vergibt. Mir! Wie war das möglich? Jedem anderen, ja, aber mir? Mein Herz war doch so böse. Ich habe dich grausam geschlagen. Ich war reich, aber ich hab das Geld zum Fenster rausgeworfen, um mir Frauen zu kaufen. Und dann habe ich diese Frauen auch noch hierher nach Hause gebracht und vor dir mit ihnen geprahlt. Und aus dem Koran zitiert, um meine … *Sünde* zu entschuldigen.

Aber, Dina, Jesus hat mich voll durchschaut. Als ich die Evangelien las und sah, wie er mit den Männern sprach, die die Bibel Pharisäer nennt, war es gerade so, als ob er nur zu mir redete."

Mohammad schüttelte den Kopf und sah zur Zimmerdecke hoch. „Es hätte mich eigentlich nicht überraschen sollen. Er hatte mich ja schon in meinen Träumen besucht, und er hat uns mit Essen versorgt, Dina, als ich zehn Tage lang in diesem Keller saß. Tja, und nachdem ich also mehrere Monate die Bibel gelesen habe und mit echten gläubigen Christen zusammen gewesen bin, die von ganzem Herzen Jesus nachfolgen, habe ich …"

Er sah seine Frau unverwandt an. „Dina, ich habe mein Leben Jesus anvertraut. Er hat mir vergeben."

Und dann öffnete Dina zum ersten Mal in ihrer Ehe ihrem Mann *ihr* Herz. Ihre Worte waren klar und deutlich: „Ich – vergebe – dir – nie."

Eine ganze Minute lang sahen die beiden einander schweigend an, dann fuhr Dina fort: „Du hast echt Nerven, Mohammad! Jesus hat dir vergeben? Wie praktisch!" Sie spuckte die Worte aus. „Nach allem, was du mir angetan hast, soll ich das einfach alles vergessen? Niemals!"

Sie stand abrupt auf und marschierte an Mohammad vorbei aus dem Zimmer. Diesmal ließ *sie* die Tür knallen, als sie sich auf den Weg zu Aishas Wohnung machte.

## Durchbruch

Nachdem Mohammad ihr seinen neuen Glauben gestanden hatte, versuchte Dina mehrere Wochen lang vergeblich zu ignorieren, dass ihr Mann sich zum Besseren verändert hatte. Niemand konnte es leugnen. Selbst Aisha, die ihren Schwager von Herzen hasste, musste zugeben, dass sie ihn noch nie so nett und gastfreundlich erlebt hatte.

Mohammads Veränderung verlieh Dinas Enttäuschung über den Islam neue Nahrung. Sie sehnte sich nach der Freude, die ihr Mann jetzt ausstrahlte. Das wollte sie auch haben! Aber eine Sache machte ihr Angst. Was, wenn sie ihrem Mann vergeben musste? Alles, nur das nicht! Lieber würde sie sterben, als Mohammad zu vergeben. Ja, sie genoss es regelrecht, dass sie jetzt die Oberhand hatte und Mohammad all das Böse, das er ihr getan hatte, heimzahlen konnte. Aber er ließ nicht locker und versuchte immer wieder, ihr sein neues Leben schmackhaft zu machen.

Acht Monate lang lud Mohammad Dina jeden Sonntag zur Kirche ein, und jedes Mal sagte sie Nein. Eines Morgens im Oktober, als sie ihm den nächsten Korb gegeben hatte, ging Mohammad wieder allein in seine Kirche. Aber als er eine Stunde später mit seinen neuen Freunden auf dem Fußboden der Kirche saß und das achte Kapitel des Römerbriefs durchging, öffnete sich auf einmal die Tür. Mohammad schaute hoch – und brach in Tränen aus.

Alle Augen richteten sich auf ihn. Als seine Freunde sahen, was da passiert war, begannen sie zu klatschen und Freudenschreie auszustoßen.

Dina war gekommen.

## Dina und Mohammad im Gespräch mit Tom und JoAnn

Wir trafen uns mit Dina und Mohammad an der libanesischen Küste, um uns mit ihnen über ihre neue Beziehung zueinander und mit Jesus zu unterhalten. Wir fanden zwei Menschen vor, die vor Freude – echter, tiefer Freude – übersprudelten. Nach ein paar Stunden strahlten ihre Gesichter genauso wie bei der Begrüßung. Die beiden leuchteten förmlich.

**Tom:** Mohammad, wie lange dauerte es nach Dinas erstem Besuch in der Untergrundgemeinde, bis sie ihr Leben Jesus anvertraute?

**Mohammad:** Etwa vier Monate, dann war sie bereit. Aber dieser Tag, an dem Dina das erste Mal in die Kirche kam, das war der schönste Anblick, den ich je erlebt hatte! Sie war weicher geworden, und die Liebe Jesu spiegelte sich auf ihrem Gesicht.

Ich konnte Dina nicht verdenken, dass sie ihren Hass auf mich erst nicht loslassen wollte. Ich hatte das verdient – absolut. Ich war der fundamentalistische Radikale, und sie war unsere Religion leid. Ich wusste, dass meine Worte sie nicht von Jesus überzeugen konnten, weil ich sie jahrelang immer wieder angelogen hatte. Mein ganzes Leben war eine Lüge gewesen.

*Aber dann trat Jesus in Aktion.* Ich bat Gott darum, mich zu einem guten Ehemann zu machen – einem echten Ehemann, wie er im Neuen Testament beschrieben wird –, und Gott tat das! Ich verliebte mich in Dina, und ich wollte ihr sagen, dass ich sie liebte, aber ich wusste, dass sie nicht bereit war, diese Worte anzunehmen – noch nicht. Ich fing sogar an, vor dem Essen zu Jesus zu beten. Dabei dankte ich ihm immer für Dina und unsere beiden wunderbaren Kinder.

Dina brauchte ungefähr ein Jahr, bevor sie den Weg zu Jesus fand – acht Monate, in denen sie sah, was Gott in meinem Leben machte, und vier Monate in der Untergrundkirche. Den Tag, an dem sie Jesus aufnahm, werde ich nie vergessen. Endlich war sie frei und konnte mir vergeben. Sie liebt Jesus von ganzem Herzen und lächelt die ganze Zeit.

Ich glaube, so werden Dina und ich auch sterben. Wir rechnen damit, dass wir irgendwann umgebracht werden, weil wir Jesus lieben und die Religion des Islam verlassen haben. Wir werden wohl Märtyrer für Jesus werden.

Aber Jesus hat so viel für uns getan. Er hat mir alle meine Sünden und mein kaputtes Leben vergeben. Er hat mir in Dina eine schöne, liebevolle Ehefrau gegeben, die mir ebenfalls vergeben hat. Inzwischen haben wir ein drittes Kind, und jeden Tag erzählen wir unseren Kindern von Jesus, der uns freigemacht hat. Wie könnten wir je unseren Jesus verleugnen?

Heute lebt Dina mir Jesus vor. Sie ist ein echtes Phänomen. Sie hat keine Angst und ist bereit, alles für Jesus zu tun. Ich nenne nur ein Beispiel.

Es war in dem Flüchtlingslager Zahle im Bekaa-Tal im Libanon. Dina merkte, dass sie beschattet wurde. Die „Religionswächter“ dort waren ständig hinter ihr her, aber durch Gottes Gnade gelang es ihr, ihnen immer einen halben Schritt voraus zu sein.

In der Mitte des furchtbaren Lagers, umgeben von dem Gestank der riesigen Müllhalde, die dort war, traf sie sich mit acht anderen Frauen hinter einem der Abfallhaufen, wo sie ihnen ihre Geschichte erzählte. Es war eines von vielen Treffen mit muslimischen Flüchtlingen aus ihrem geliebten Syrien, aber sie musste sich kurzfassen, weil die Fanatiker Verdacht gegen sie geschöpft hatten.

An diesem besonderen Tag erzählte Dina den Frauen das Gleiche wie immer:

> Ihr Lieben, seid euch klar darüber: Wenn ihr euer Leben Jesus gebt, kann es kurz werden. Ich bin sicher, dass meines auch nicht lange dauern wird, aber darüber mache ich mir seit Monaten keine Gedanken mehr. Wir müssen uns verstecken, nur damit ich euch ein paar Bibelverse vorlesen kann. Wenn wir hier in aller Öffentlichkeit wären, wären wir schon so tot wie der Eselskadaver dort drüben.

Aber mein Leben ist schön, weil Jesus da ist. Wenn ich heute schon sterben sollte, hätte ich ein erfülltes Leben gehabt – durch Jesus. Und das will er auch euch geben. Liebe Schwestern, ich lade euch ein: Jesus wartet mit ausgebreiteten Armen auf euch.

Ich habe dieses Treffen damals unterbrochen, weil ich wusste, dass die Häscher ihr auf der Spur waren. Ich schickte Dina eine SMS aus zwei Worten: „Hau ab!"

Aber wisst ihr, was meine Frau, diese Soldatin Christi, machte? Sie neigte ihren Kopf und betete mit diesen Frauen ein Übergabegebet. Als sie fertig war, weinten alle vor Freude – und Dinas Handy vibrierte pausenlos. Ich wollte sie wirklich da raushaben.

Später berichtete sie mir, dass das Treffen sich erst auflöste, als sie die Schreie der Fanatiker hörte, die nur einen Steinwurf weit entfernt waren. Die Frauen umarmten sich kurz, und wieder war Gott gut zu ihnen. Sie verschwanden in verschiedene Richtungen, und es passierte ihnen nichts.

**JoAnn:** Dina, ich weiß, dass Jesus alles kann. Für ihn ist nichts zu schwer. Aber diese dauernden Tiefschläge damals ... Mohammad war ja sozusagen ein Terrorist in der eigenen Wohnung. Und dann die 66 Nebenfrauen! Eine Zeit lang wolltest du Mohammad umbringen. Wie hast du es geschafft, ihm zu vergeben?

**Dina:** Ihr seht ja, was für einen wunderbaren Mann ich heute habe. Gott sei Dank – ich konnte Mohammad vergeben. Aber nur, weil ich selbst Vergebung erfahren hatte. Aus meiner eigenen Kraft wäre ich mit meiner Verbitterung nicht fertiggeworden. Ich hätte ihm nie vergeben können. Die Kraft zum Vergeben hat Jesus mir gegeben.

Vorher hätte ich Mohammad womöglich umgebracht, wenn ich eine Gelegenheit gehabt hätte. Ob ich es wirklich getan hätte, weiß ich nicht, aber ich habe ihm den Tod gewünscht. Ist das nicht traurig? Es hätte mich nicht glücklich gemacht, weil der Hass auf Mohammad mich so im Griff hatte, und seine Leiche vor mir zu sehen, hätte daran ja nichts verändert. Aber dann durchbrach Jesus diesen Hass und nahm ihn weg, für immer. Es ist die einzige Möglichkeit, frei zu werden, und es gibt jede Menge muslimische Frauen, denen es so elend geht wie mir damals. Diese Frauen will ich erreichen, um ihnen zu sagen, dass Jesus ihre Rettung ist.

**Tom:** Wenn man euch sieht, denkt man, man steht vor einem Paar in den Flitterwochen. Die Liebe steht euch ins Gesicht geschrieben. Mohammad, du küsst Dina im Vorbeigehen öfter mal auf den Kopf oder drückst ihr kurz die Hand. Wir sind hier im Libanon, wo man seine Zuneigung kaum öffentlich zeigen kann. Aber das scheint dir egal zu sein.

**Mohammad:** Jesus kam in Träumen zu mir, um mich auf die Erlösung vorzubereiten. Dina hat nie von ihm geträumt, aber schaut euch an, wie er sie verwandelt hat! Früher hasste sie ihr Leben, und ich war schuld daran. Heute bin ich bis über beide Ohren in diese Frau Gottes verliebt. Schaut euch nur die Freude in ihrem Gesicht an!

**JoAnn:** Dina, als ihr geheiratet habt, warst du nicht in deinen Mann verliebt, oder?

**Dina:** Überhaupt nicht. Es war eine Zwangsheirat, und der Kerl widerte mich an. Aber als Jesus ihn verwandelte, haben ihn die Freude auf seinem Gesicht und die Güte in seinem Herzen auf einmal schön gemacht. Ich kann es immer noch nicht glauben, dass das derselbe Mann ist, den ich früher nicht ausstehen konnte.

**JoAnn:** Kannst du uns etwas über euer drittes Kind erzählen? Es ist ja eine Tochter, und sie kam, nachdem ihr beide euer Leben Jesus anvertraut hattet. Korrekt?

**Dina:** Jawohl! Und wir wollten, dass ihr Name zum Ausdruck brachte, was Jesus in unserem Leben getan hat. Sie heißt *Shadi*; das ist Arabisch und bedeutet „voller Freude". Sie ist das erste Kind, das wir bekommen haben, nachdem Jesus uns erlöst hat.

**JoAnn:** Der Name eurer Tochter ist ganz offensichtlich von Gott gesegnet. Sie ist tatsächlich voller Freude und hört gar nicht auf zu lächeln!

**Tom:** Ihr seid als Flüchtlinge in den Libanon gekommen. Mohammad, du hast Millionen verloren, als deine Verwandten dich aus deinen Firmen hinausgeworfen haben, zur Strafe dafür, dass du dem Islam den Rücken gekehrt hast. Derselbe Sheikh, der dir früher näherstand als ein Bruder, hat jetzt in einer *Fatwa* deinen Tod gefordert.[4] Auch deine Eltern wünschen dir den Tod und haben dazu bezahlte Mörder engagiert. Hast du Angst?

**Mohammad:** Die Flüchtlingslager sind die Zentren der Radikalen und mit Abstand die gefährlichsten Orte, um Muslimen das Evangelium zu bringen. Aber Dina erzählt unsere Geschichte jedem, der sie hören will, und gibt Jesus die Ehre.

Obwohl unsere Verwandten uns den Tod wünschen, weil wir „Schande über die Familie gebracht" haben, ruft Dina sie nach wie vor an. Anfangs haben sie sofort wieder aufgelegt, aber inzwischen kann Dina ihnen von Jesus erzählen und sie fangen an, ihr zuzuhören. Dies ist riskant für uns, weil sie uns leicht orten könnten. Dinas früher so geliebte Schwester Aisha hat geschworen, sie umzubringen, und unsere Eltern haben jede Menge Freunde im Libanon, denen sie den Auftrag geben könnten, uns zu ermorden.

Im Libanon gibt es zurzeit zwischen einer und zwei Millionen syrische Flüchtlinge. Dina möchte, dass jede Frau von Jesus hört, damit sie ihrer Familie von ihm erzählen kann. Ich staune nur so, was Jesus mit Dina gemacht hat. Ihr Herz brennt darauf, muslimische Frauen für unseren Heiland zu erreichen.

**JoAnn:** Was möchtest du deinen neuen Freunden von deiner Geschichte mit Jesus erzählen?

**Dina:** Emotional, gesundheitlich und geistlich ging es mir früher wahrscheinlich schlechter als Mohammad, weil der Hass so tief in meinem Herzen steckte. Als ich Mohammad dann vergab, zerrissen die Ketten der Rachsucht, die mich gefangen gehalten hatten. Und kurz darauf sagte Mohammad mir, dass er mich liebte. Das hatte er

---

[4] Eine *Fatwa* ist ein Edikt, eine Handlungsanweisung, die von einem muslimischen Geistlichen erlassen wird. Einige Fatwas fordern die Todesstrafe für Abtrünnige vom Islam.

noch nie gesagt. Und er sagte nicht nur ein Mal, dass er mich liebte, er sagte es immer wieder. Wir waren beide endlich frei. Wir umarmten und küssten uns, und es war einfach wunderbar.

Ich werde es nie vergessen, wie er mir sagte: „Dina, ich liebe dich und werde dich weiter lieben bis zu meinem Tod. Und ich verspreche dir, dass ich nur *dich* lieben werde."

Wir haben also alles, was wir in diesem Leben brauchen. Wir haben Jesus, wir haben eine liebevolle Ehe und wir haben drei wunderbare Kinder, die ebenfalls Jesus lieben.

Es gibt zwei wichtige Lektionen, die ich gelernt habe, seit ich zum Glauben an Jesus Christus gekommen bin:

1. Jesus hat mir meine Sünden vergeben, und es waren nicht wenige.

Wie konnte ich mich dann weigern, meinerseits anderen zu vergeben, einschließlich meinem Mann? Wenn die Leute meine Geschichte hören, können sie es schier nicht fassen, dass ich Mohammad vergeben habe und immer noch mit ihm verheiratet bin. Sie kennen eben die unglaubliche Macht der Vergebung Jesu noch nicht.

Ich merkte damals, dass mich der Hass gefangen hielt, bis in jede Faser meines Seins. Ich war seine Sklavin – bis ich ihn Jesus vor die Füße legte. Als Mohammad auf einmal freundlich zu mir wurde und diese Freude ausstrahlte, kochte ich innerlich. Ich sehnte mich danach, das, was er hatte, auch zu bekommen; aber unsichtbare Gitterstäbe hielten mich eingesperrt. Erst als Jesus mir die Augen öffnete und mir zeigte, wie hässlich meine eigenen Sünden waren und wie sehr auch ich Vergebung brauchte, konnte er mich reinwaschen. Zum ersten Mal in meinem Leben fühlte ich mich sauber, heil und rein. Meine Schuld war vergeben! An jenem Tag zog die Freude in mein Leben ein, wo sie seither wohnt. Wer bewusst die Vergebung gewählt hat, bekommt als natürliche „Nebenwirkung" eine tiefe Freude.

Jesus will das Gleiche auch bei dir tun. Wirst du ihn lassen? Was für eine Ungerechtigkeit in deinem Leben hält *dich* gefangen? Vergebung ist ein Flugzeug, das uns in den Himmel der Freude bringt.

2. Als Christen glauben wir, dass Jesus Wunder vollbringt, die unser Leben verändern.

Wir beten um Wunder – aber *erwarten* wir sie auch? Diese Frage sollten wir uns jeden Tag neu stellen. Wir sollten mit Wundern rechnen, weil Jesus uns geboten hat, um sie zu beten. Als unser Leben in Trümmern lag und um uns herum der Krieg tobte, war das Böse allgegenwärtig. Mohammad war bereit, für eine Sache zu sterben, die es nicht wert war – aber er glaubte daran. Und ich war glatt bereit, meinen eigenen Mann umzubringen.

In der dunklen Nacht der Sünde scheint das Licht Jesu hell. Wunder sind Gottes Methode, unsere Augen zu öffnen für seine Erlösung. Aber wenn dann der Alltag des Lebens kommt und wir die Wahrheit des Wortes Gottes haben und nach seinen Geboten leben, suchen wir dann weiter seine Wunder wirkende Kraft? Und wenn nicht für uns selbst, versuchen wir wenigstens, denen die frohe Botschaft des Evangeliums zu bringen, die ihr Leben noch nicht Christus gegeben haben?

Das ist der Bereich, wo mein lieber Mann und ich heute Wunder sehen. Wir beten weiter für den Tag, an dem alle unsere Verwandten ihr Leben unserem Heiland übergeben.

Bitte beten Sie für uns. Syrien ist ein gefährliches Land. Aber wir wollen wieder zurück dorthin, sobald es irgend geht. Es gibt so viel Hass dort; kein Wunder, dass der Bürgerkrieg nicht aufhören will. Die Religion, in der wir aufwuchsen, ist eine Religion der Rache. Überall im Nahen Osten gibt es ethnisch und religiös motivierte Kriege. Wir wissen, dass die Leute Schlange stehen, um uns umzubringen, weil wir jetzt Jesus nachfolgen.

Früher habe ich mich über die Christen lustig gemacht. Dann sah ich Bilder syrischer Christen, die bereit waren, sich für ihren Glauben an Jesus buchstäblich kreuzigen zu lassen. Aber ich wollte nicht sterben, ich wollte töten.

Am letzten Abend seines Lebens auf dieser Erde hat Jesus gesagt: „Niemand liebt seine Freunde mehr als der, der sein Leben für sie hergibt" (Johannes 15,13 (NGÜ)).

Heute begreife ich diese Worte und sage Ja zu ihnen. Wenn ich das Vorrecht bekomme, zurück nach Syrien zu gehen, werde ich bereit sein, mein Leben für Jesus herzugeben. Und wenn das Gottes Plan für mich ist, dann weiß ich, dass mein lieber Ehemann auch dann an meiner Seite sein wird.

> Ich aber würde mich zu Gott wenden
> und meine Sache vor ihn bringen,
> der große Dinge tut, die nicht zu erforschen sind,
> und Wunder, die nicht zu zählen sind …
> der die Niedrigen erhöht
> und den Betrübten emporhilft.
> Hiob 5,8–9.11 (LÜ)

# Kapitel 3

## „Heirate ihn, oder deine Mutter stirbt!“

Farah Abbas stolperte drei Schritte zurück, ihre Ohren klingelten von der satten Ohrfeige auf ihre rechte Wange. Der Arm ihres Vaters schien so stark zu sein wie eh und je.

„Soll ich so meine Hochzeit feiern? Der Handabdruck auf meinem Gesicht passt doch prima zu meinem Kleid, oder?“

Nabeel Abbas funkelte seine einzige Tochter wütend an, dann stürmte er zur Schlafzimmertür, während er seinen weiblichen Nachwuchs verfluchte, den er kaum noch ertragen konnte.

„Aber es ist ja gar kein Hochzeitskleid!“, rief Farah ihrem Vater hinterher. „Es ist ein *Schand*kleid!“

Der Vater blieb abrupt stehen und drehte sich kurz zu Farah um. Sein Gesicht voller Abscheu. Die Freiheit, die er seiner einst so gehorsamen Tochter zugestanden hatte, hatte sie zu einer modernen Frau gemacht. Zu modern, wie er fand. Sie brauchte einen Ehemann, der ihr den Kopf zurechtrückte. Er knallte die Tür hinter sich zu. Erst drei Tage später, am Tag der Hochzeit, schaute er seine Tochter wieder an.

## Einen Monat vorher

Seit Beginn des Krieges in Syrien im Jahre 2011 waren so viele Flüchtlinge nach Jordanien geströmt, dass sie mittlerweile fast ein Viertel der Bevölkerung stellten. Die Wirtschaft des Landes ächzte unter dem Gewicht der humanitären Katastrophe im Nachbarland. Den über eine Million geflüchteten Syrern konnte man kaum mehr bieten als das, was zum nackten Überleben notwendig war. Das Einzige, was noch rascher anstieg als die Zahl der Menschen in den UN-Flüchtlingslagern, waren die Inflation und die Arbeitslosenquote.

Die Arbeitslosigkeit und die damit verbundenen finanziellen Engpässe bescherten den Kreditsachbearbeitern in der Jordanischen Zentralbank viele Überstunden. Großen Andrang gab es wegen Steuererleichterungen für Hypothekenschulden. Zwar hatte man frühzeitig mitgeteilt, dass bis zum Schalterschluss um 15 Uhr nur die Hälfte der Kunden in der Bank bedient werden konnte. Trotzdem machte niemand Anstalten zu gehen.

Zwei Stunden nach Schalterschluss hörte Farah sich die Leidensgeschichte einer weiteren Familie an, die kurz vor dem Zusammenbruch stand. Während der Mann sie anflehte, schweifte ihr Blick zu dem Fenster, das über seiner Schulter zu sehen war.

Nur ein paar Hundert Meter entfernt thronte auf einer Anhöhe die alte Zitadelle von Amman. Ihre massiven Steinquader – manche über drei Jahrtausende alt – überragten die Stadt, in der Farah geboren war. Sie fragte sich, wie lange ihr Land unter diesen Umständen noch überleben konnte. *Bestimmt nicht die nächsten dreitausend Jahre.* Farah schüttelte den Kopf, um die Gedanken zu verscheuchen. Sie hörte wieder dem Mann zu. An manchen Tagen kam sie sich weniger wie eine Bankangestellte, sondern eher wie eine Krisenberaterin vor.

Das Klingeln ihres Telefons ließ sie zusammenzucken. Sie war dankbar für die Unterbrechung. Und noch besser war die Stimme, die aus dem Hörer kam. Es war Rania, ihre beste Freundin und eine der Kassenbeamtinnen der Bank; auch sie machte Überstunden.

„Farah, sie sind wieder da, starren in deine Richtung und machen die üblichen anzüglichen Bemerkungen. Unsere ‚Widerlinge' sind zurück. Gleich kommen sie zu dir." Rania machte eine Pause. „Die ekeln mich an."

Farah nickte und legte wieder auf. Sie erhob sich abrupt, gab dem Kunden, mit dem sie gerade im Gespräch war, ein entschuldigendes Zeichen und verließ wortlos ihren Schreibtisch. Sie hörte noch, wie er aufseufzte, während sie Kurs auf den Personalraum nahm.

Auch Farah seufzte auf dem Weg zu ihrem Rückzugsort. Sie stellte sich neben die Kaffeemaschine und ließ ihren Gedanken über die Männer, die jetzt ihren Schreibtisch erreicht haben mussten, freien Lauf.

„Ich möchte nicht mit einem dieser Ekel zusammen begraben werden, die sich als Menschen verkleidet haben, in einer Million Jahren nicht!", schimpfte sie in das leere Zimmer hinein. „Die denken glatt, ich komm auf eine ihrer sogenannten Partys! Jede Frau in Amman weiß doch, dass man sich die vom Leib halten muss!"

Nach ein paar Minuten hatte Farah sich wieder beruhigt und konnte an ihren Arbeitsplatz zurück. Als sie sich setzte, um das Gespräch mit dem verzweifelten Kunden fortzusetzen, sah sie einen Zettel unter ihrer Kaffeetasse liegen. Ohne ihn zu lesen, schob sie ihn in eine Schublade.

Eine Stunde später, als die Bank endlich geschlossen hatte, zählte Rania das Geld in ihrer Kassenlade und ging dann zu Farahs Arbeitsplatz.

„Du, ich hab vorhin gesehen, wie Jamal einen Zettel auf deinen Schreibtisch gelegt hat. Hast du ihn gelesen, bevor du ihn in den Papierkorb geschmissen hast?"

„Rania, zuerst hatte ich das vor. Habe mir aber dann überlegt, den Zettel aufzubewahren. Als Beweisstück, falls ich ihm hier mal eine Ohrfeige gebe. Denn wenn mich dann der Chef kündigen will, kann ich ihm zeigen, was für Ekel diese zwei Kunden sind. Jamal und Mustafa Samaha haben echt nur Sex im Hirn. Für das pornografische

Zeug, das er geschrieben hat, gehört Jamal ins Gefängnis. Ich hasse diese Brüder, aber am meisten Jamal." Farah dachte kurz nach. „Was ist noch mal der Spitzname, den sein Bruder für ihn hat?"

Rania kicherte. „Meinst du ‚Monster'?"

Farah nickte, dann schüttelte sie den Kopf.

„Einen schönen Abend, Rania! Bis morgen dann, beim Freitagsgebet. Ich hoffe nur, wir sehen da nicht Na-du-weißt-schon." Sie rollte die Augen. „Als ob Allah sich Jamals leere Worte je anhören würde."

## Hochmut vor dem Fall

Am nächsten Tag blieb Farah vor dem Parlamentsgebäude an der König-al-Hussein-Straße stehen, um die elegante blaue Kuppel der König-Abdullah-I.-Moschee zu bewundern. Dann schaute sie auf ihre Armbanduhr. Halb zwölf. Noch eine halbe Stunde bis zum Beginn des Mittagsgebets. Sie blieb noch etwas und genoss den schönen Anblick. Außer, dass sie freitags regelmäßig in die Moschee ging, war Farah nicht religiös. Aber sie war eine echte Jordanierin, und deshalb war sie mächtig stolz auf das herrliche Gebäude.

Als Farah ein paar Minuten später durch das Eingangstor des berühmtesten muslimischen Gotteshauses in Jordanien ging, dachte sie zufrieden über das nach, worauf *sie* stolz sein konnte, auch wenn dies nichts mit dem Islam zu tun hatte. Sie war Single, erfolgreich und Herrin ihres eigenen Lebens. Obwohl sie mit ihren 26 Jahren nach wie vor bei ihren Eltern wohnte, hatte sie jede Freiheit. Die Eltern waren nach islamischen Maßstäben nur moderat religiös.

Farah selbst sah sich als eine „progressive Muslima" – was aus der Sicht ihrer Eltern schlicht bedeutete, dass sie es mit ihrem Glauben nicht besonders ernst nahm. Und damit hatten sie ganz recht.

Zum Freitagsgebet zu gehen, war jedoch gut für das Geschäft. Farah bedeuteten die Gebete und die Predigten des Imams herzlich wenig. Sie nutzte die Zeit dazu, innerlich ihren Terminkalender durchzugehen – Termine mit wichtigen Kunden und ihre Freizeitaktivitäten in der kommenden Woche. Und auch für ihren Lieblingszeitvertreib war die Moschee nicht schlecht: Sie gab ihrem Gehirn die nötige Muße, ihren nächsten Einkaufsbummel zu planen.

Sie schaute um sich. Rania würde wohl auch diesmal nicht kommen. Als sie Kurs auf den Frauenraum nahm, sah sie, wie ihr Vater in letzter Minute das Gebäude betrat. Seit Farahs Mutter, Safiyyah, Brustkrebs hatte, besuchte er regelmäßig die Gottesdienste. Die Erkrankung seiner Frau war für ihn allgegenwärtig. Farah merkte es an seinen hängenden Schultern, seinem verzweifelten Blick und daran, dass er an seiner Tochter vorbeiging, ohne sie wahrzunehmen.

Der Anblick ihres Vaters erinnerte Farah schmerzlich an die Krankheit ihrer Mutter. Weder Geldverdienen noch Einkäufe konnten sie heilen. Aber vielleicht Gebete? Farah blieb einen Augenblick gedankenverloren vor dem Eingang zum Frauenraum stehen. Dann ging sie langsam hindurch, fest entschlossen, heute tatsächlich einmal zu beten.

Schon am nächsten Tag hatte Farah ihren kurzen Flirt mit dem Glauben vergessen. Schließlich befand sie sich im Einkaufszentrum TAJ. Ein Hotspot für Jordanier der oberen Mittelklasse. Samstags war Farah hier fast immer anzutreffen. Sie schlenderte von einem Laden zum nächsten und genoss die tausend Gelegenheiten, ihren Vorrat an modischer Kleidung und Accessoires um ein paar schöne Stücke zu ergänzen. Diesmal war Rania an ihrer Seite, was wie immer Schuh-Shopping für Fortgeschrittene bedeutete.

„Rania, ich kann das heute wirklich genießen, weil es meiner Mutter gestern Abend echt besser ging. Jetzt, wo die Operation erfolgreich war, meinen die Ärzte, dass sie mit Chemo und Bestrahlung endgültig geheilt werden könnte. Das ist doch ein Grund zum Feiern, oder?“ Sie lachte fröhlich und hakte sich bei ihrer Freundin unter. „Also: Heute mindestens drei Paar Schuhe für jede von uns!“

Farah zog Rania vorbei am Calvin-Klein-Shop, und die beiden nahmen Kurs auf den ALDO-Schuhladen. Sie wirkten eher wie Schwestern, nicht wie Freundinnen. Man hätte die beiden auch als Models für eine jordanische Touristenbroschüre fotografieren können. Sie gaben exakt das Bild ab, das die PR-Experten des haschemitischen Königreichs dem Westen präsentieren wollten: junge, hübsche, erfolgreiche Jordanierinnen, die durch eines der glamourösesten Einkaufszentren im ganzen Nahen Osten schlenderten. Doch selbst ihre Designer-Hidschabs konnten die dunkle Realität nicht vertreiben, der auch die wohlhabendsten Frauen ausgeliefert waren.

Auch am nächsten Samstag trafen Farah und Rania sich wieder im TAJ Einkaufszentrum. Aber bevor sie so richtig beginnen konnten mit ihrer Shoppingtour, klingelte Farahs Telefon. Dieser Moment sollte den Anfang vom Ende ihres bequemen Lebens bedeuten.

Die Nummer verhieß nichts Gutes. Ihr Vater, Nabeel, keuchte wie nach einem Dauerlauf aus dem Handy.

„Was ist los, Vater? Warum weinst du?"

Mit stockender Stimme eröffnete Nabeel Farah die Hiobsbotschaft: „Die Ärzte haben gerade gesagt, dass der Krebs zurück ist und wächst. Die ersten Befunde sahen noch gut aus, aber nach weiteren Tests hat der Onkologe eine Computertomografie an einer Stelle gemacht, wo er Bedenken hatte." Nabeel hielt inne; fast konnte er nicht weitersprechen. „Er hat einen neuen Tumor gefunden. Farah, deine Mutter braucht dringend eine weitere Operation, innerhalb von zehn Tagen."

Farah fühlte sich, als habe sie eine Dampfwalze überrollt. Mitten in dem Restaurant, in dem sie gerade war, lehnte sie sich gegen eine Säule und rutschte langsam zu Boden.

Sie saß auf dem Boden des Einkaufszentrums, und Tränen liefen über ihre Wangen, während ihr Vater ihr seinen Plan zur Rettung ihrer Mutter erklärte.

„Farah, ich wollte dir das eigentlich persönlich sagen. Aber auch schnell. Entschuldige, wenn ich das am Telefon mache ... Ich hoffe, Rania ist bei dir?" Er holte tief Luft. „Wir ... brauchen das Geld auf deinem Konto, das die Regierung eingefroren hat, bis du verheiratet bist. Ich habe nachgeschaut, es sind mittlerweile 2.000 Jordanische Dinar.[5] Nicht schlecht für acht Jahre Arbeit!"

Farah antwortete mechanisch. Sie ahnte, was als Nächstes kommen würde: „Aber ich habe nicht vor, so bald zu heiraten, Vater. Wie willst du an das Geld rankommen?"

„Farah, ich habe eine Ehe arrangiert. Deine Mutter und ich haben alles Nötige besprochen. Er ist ein guter Mann, nur ein bisschen älter. Er wird heute Abend seinen Antrittsbesuch machen." Nabeels Stimme ließ keinen Widerspruch zu. „Er freut sich, dich kennenzulernen."

„*Papa,* nein!" Farah schrie es so laut, dass mehrere Passanten erschrocken zu der weinenden Frau hinuntersahen. „Bitte, wir müssen erst darüber reden! Ich bin eine moderne Frau, ich werde mir meinen Mann selbst aussuchen. Das – das ist falsch, das kann ich nicht!"

Ein paar Sekunden herrschte Schweigen in der Leitung, dann sagte Nabeel mit eisiger Stimmer: „Farah, wir sind gläubige Muslime. Wir machen das so. Deine Mutter und ich wählen deinen Mann, weil wir wissen, was das Beste für dich ist. Das hier ist ein Notfall. Du wirst ihn schon liebgewinnen."

Nabeel machte eine Pause. Farah holte tief Luft, aber er kam ihr zuvor. „Lass es mich so ausdrücken: *Heirate ihn, oder deine Mutter stirbt!* Er heißt Jihad, und er kommt heute Abend um sieben. Sei pünktlich."

Farah beendete das Telefonat und sah an einem Dutzend Plastikstühlen vorbei benommen zu dem McDonald's auf der gegenüberliegenden Seite des Restaurantbereichs hin. Eine ganze Stunde lang saß sie mit Rania auf dem Boden, und sie unterhielten sich und weinten, mitten in dem Gewimmel des Einkaufszentrums.

„Rania, ist es nicht am besten, ich mach die Fliege und geh nie mehr zu meinen Eltern?"

[5] Das entspricht etwa 3.000 US-Dollar.

„Farah, wenn du das machst, stirbt deine Mutter." Rania starrte auf den Boden und schüttelte den Kopf. „Das ist keine Lösung."

Farah drückte ihren Kopf gegen die Säule und schaute hoch zu der Decke. „Er heißt Jihad … Ist das so ein Fundamentalist? Ha!" Sie wollte lachen, dann schluchzte sie, als ihr das ganze Elend ihrer Situation bewusst wurde.

Mehrere Minuten lang saßen die beiden jungen Frauen still nebeneinander. Schließlich nahm Rania Farahs Hand, und sie standen auf und nahmen schweigend Kurs auf den Ausgang des Einkaufszentrums. Nach einer tränenreichen Abschiedsumarmung auf dem Parkplatz machte Farah sich auf den Heimweg, hinein in die brutale Realität dieser radikalen Veränderung in ihrem Leben.

Farah versuchte tapfer, nicht zu weinen, als ihre Mutter Safiyyah sie an der Haustür umarmte und ihr dankte, dass sie die Operation finanzierte. Sie war fix und fertig, aber gegenüber ihrer Mutter die Tränen zurückzuhalten, war ein Kinderspiel. Viel schwerer war es, ihrem Vater gegenüberzutreten. Sie schaute ihn nicht an, sondern ging an ihm vorbei auf ihr Zimmer. Safiyyah folgte ihr die Treppe hinauf.

Oben sagte sie leise zu ihrer Tochter: „Ich weiß, dass du ihn nicht kennst, Farah, und dass du eigentlich nicht vorgehabt hattest, jetzt schon zu heiraten. Aber Allah lenkt alles, auch diese Dinge, und er weiß, was das Beste für dich ist. Er hat das zugelassen." Sie schaute vorsichtig nach unten, dann sah sie wieder zu Farah. „Ich hatte damals deinen Vater auch nicht gekannt."

„Aber, Mutter, deine Ehe mit Vater ist doch die reinste Hölle gewesen!" Farah drehte sich zu ihr und hob den Zeigefinger. „Das hast du selber gesagt."

„Ja, das war sie, viele Jahre lang." Safiyyah nickte. „Aber heute schlägt dein Vater mich nicht mehr."

Farah rollte angewidert die Augen. „Willst du mir damit etwa sagen, dass mir diese Ehe guttun wird? Schau dich doch mal selber an, Mutter, und wie es dir in deiner elenden Ehe geht. Gut, er schlägt dich nicht mehr, aber er brüllt dich jeden Tag zusammen."

Safiyyah sah ihre Tochter tieftraurig an, dann drehte sie sich um und ging aus dem Zimmer.

Farah lag allein auf ihrem Bett. Sie war völlig durcheinander.

*Vielleicht ist er ja ganz nett.*

*Ich wollte, es wäre jemand wie Wael vom ALDO. Er ist so freundlich – und so smart!*

*Komm, mach dir nichts vor! Wahrscheinlich ist er so alt wie Vater.*

Zwei Stunden später ließ sie das Geräusch der Türklingel zusammenzucken. Es war Punkt sieben Uhr. Ihr war übel. Dies war der Tag, ja die Stunde, von der sie sich geschworen hatte, dass es so etwas in *ihrem* Leben nie geben würde. Dass jemand anderes ihren Ehemann ausgesucht hatte, ohne sie auch nur zu fragen. Es war unfassbar.

Sie setzte sich auf und starrte ein paar Sekunden zur Tür ihres Zimmers. Sie beschloss, einen kurzen Blick auf den Mann zu riskieren, der ihr Bräutigam werden sollte. Sie trat zu der Tür, öffnete sie einen Spalt, steckte den Kopf hindurch und schaute die Treppe hinunter, ohne dass jemand sie sehen konnte.

„Nein!" Das Wort rutschte ihr heraus. So laut, dass jeder im Haus es hören konnte. Hastig legte sie die Hand auf den Mund, presste die Augen zusammen und schob sich zurück in ihr Zimmer. Als ob sie das vor ihrem unsäglichen Schicksal retten könnte.

Unten im Wohnzimmer stand Jamal Samaha.

## Eine Ohrfeige für den Bräutigam

Nabeel war ganz aufgekratzt, so, als ob er seine nächste Lobrede auf Abdullah, den König von Jordanien, halten würde.

„Farah! Jihad ist da. Er ist ja *so* gespannt auf dich!"

Nabeel und Safiyyah Abbas standen strahlend nebeneinander, die

Blicke auf Farah geheftet, die mit raschen Schritten die Treppe herunterkam.

„Jihad hat mir gerade erzählt, dass ihr beiden euch schon kennt." Nabeel hieß seine Tochter mit offenen Armen willkommen. „Das wusste ich ja gar nicht! Was für ein Zufall! Und noch etwas habe ich gerade erfahren: Jihad ist nur sein Spitzname. Sein wirklicher Name ist Jamal."

Was dann passierte, traf die Eltern wie ein Blitz aus heiterem Himmel.

Die Augen nass von wütenden Tränen, ballte Farah ihre rechte Hand zur Faust, marschierte schweigend zu Jamal und schlug ihm mit aller Kraft auf die Nase. Der Mann verlor das Gleichgewicht und musste sich auf das Wohnzimmersofa fallen lassen.

„Es ist mir egal, wie dringend Mutter operiert werden muss! Ich kann diesen Perversen nicht heiraten, Vater!" Sie drehte sich zu ihren Eltern hin und zeigte, weiter mit ihrer rechten Hand, auf Jamal. „Er belästigt mich anstößig am Arbeitsplatz. Das ist das Allerletzte! Könnt ihr nicht jemand anderes finden? Jeden, aber nicht den!"

Sie funkelte Jamal an, dann wieder ihre Eltern. „Das letzte Mal, als er in der Bank war, hat er mir einen Zettel zugeschoben, der so widerlich war, dass ihr ihn aus dem Haus werfen werdet, wenn ihr ihn gelesen habt. Baba, hör mir zu, bitte!"

Nabeels Augen traten ihm schier aus dem Kopf. Der Mann sah aus, als ob gleich sein Kopf explodieren würde. Er funkelte Farah an, dann sah er an ihr vorbei zu dem blutenden Besucher auf dem Sofa und begann, sich wortreich bei dem Gast zu entschuldigen.

Jamal hatte ein Taschentuch hervorgezogen und presste es auf die Nase, um das Blut zu stillen. Dann erhob er sich umständlich und versuchte, seine Zukünftige anzulächeln.

„Also, Farah, das war doch nicht so gemeint mit dem kleinen Zettel. Ich habe bloß … dir meine Liebe zeigen wollen."

Farahs Augen wurden schmal. Ach, wollte er sich so aus der Affäre ziehen? „Jamal, das war sexuelle Belästigung und kein Liebesbrief.

Oder kennst du den Unterschied etwa nicht?" Sie schnippte mit der Hand in seine Richtung. „Ich würde einen Antrag auf Kontaktverbot gegen dich unterschreiben, aber niemals einen Ehevertrag!"

Nabeels Geduld war mittlerweile am Ende. Mit langsam steigender Lautstärke schrie er Farah genauso an wie sonst nur seine Frau. Safiyyah rannte erschrocken zu den Fenstern, um sie zu schließen, damit die Nachbarn nicht alles mitbekamen.

Eine Viertelstunde später war Jamal wieder gegangen. Farah hob beschwichtigend ihre Hände in Richtung ihres Vaters und drehte sich zu ihrer Mutter hin. „Ich möchte gerne helfen, Mama, echt. Gut, ich bin zu einer Heirat bereit. Aber nicht mit Jamal! Unmöglich!"

„Du *wirst* Jamal heiraten!" Nabeels Gesicht war violett. Er drehte sich um, als wollte er weggehen, dann drehte er sich rasch wieder zurück zu seiner Tochter und beugte sich so nah zu ihr, dass sie seinen Atem auf ihrem Gesicht spürte. Sein Zeigefinger berührte fast ihre linke Wange.

„Die Hochzeit ist in drei Tagen!"

Farah schob sich an ihm vorbei und rannte die Treppe zu ihrem Zimmer hoch, laut aufheulend, als sei gerade ein lieber Mensch gestorben. Gerade war ihr eigenes Leben zu Ende gegangen.

Dreißig Minuten später öffnete Nabeel die Tür zu Farahs Zimmer und warf ein Hochzeitskleid auf ihr Bett. Dann bewegte er sich langsam auf seine Tochter zu; seine Augen schienen sie durchbohren zu wollen. Farah ahnte, was jetzt kommen würde; ähnliche Szenen hatte es schon öfter gegeben.

Nabeel ohrfeigte seine Tochter mit einer solchen Wucht, dass sie drei Schritte zurücktorkelte.

„Soll ich so meine Hochzeit feiern?", rief Farah aus. „Der Handabdruck auf meinem Gesicht wird prima zu meinem Kleid passen, wie? Und das hier ist kein Hochzeitskleid, das ist ein *Schand*kleid!"

Zufrieden mit seiner Attacke auf seine Tochter stürmte Nabeel aus dem Zimmer, während Farah weiter schrie.

„Das ist ja gar keine richtige Hochzeit!" Sie schob ihren Kopf durch den Türspalt und schrie den leeren Treppenabsatz an. „Ich *hasse* diesen Mann, den ich heiraten soll!"

Jeder im Haus hätte es hören können. Aber niemand hörte ihr zu.

Fast bis Mitternacht saß Farah auf dem Fußboden ihres Zimmers und führte Selbstgespräche.

„Die können mich mal, alle! Auch der König von Jordanien mit diesem Knebelparagrafen, der ledigen Frauen ‚helfen' soll. Das ist keine Hilfe, das ist Erpressung!"

Das Kleid, das Nabeel gebracht hatte, passte Farah nicht. Die nächsten vierundzwanzig Stunden weigerte sie sich, das Haus zu verlassen, sodass ihre Eltern mehrere Kleider aus einem Brautmodenladen herbeischafften, wo Farah sie unter Zwang anprobieren musste.

## Das Elend einer Ehe

An dem Tag, an dem sie Jamal heiraten musste, wurde Farahs Leben zur Hölle. Aus dem Traum einer Liebesheirat mit einem Mann, den sie sich selbst ausgesucht hatte, wurde der Alptraum einer Ehe mit einem übergriffigen Tyrannen. Noch nicht einmal das Wissen darum, dass ihre Heirat wahrscheinlich das Leben ihrer Mutter gerettet hatte, konnte die grausame Realität wettmachen, die sie jetzt täglich erleben musste.

Die Kontrollsucht ihres Mannes begann am ersten Tag der Flitterwochen. Jamal eröffnete Farah, dass sie nicht mehr zur Arbeit gehen dürfe, weil er so schnell wie möglich Kinder wollte. Den Einwand seiner Braut, dass sie bis zur Schwangerschaft doch weiter arbeiten könne, beantwortete er mit einem Faustschlag in ihr Gesicht. Und das war nur der Anfang eines wahren Flitterwochen-Martyriums. Jeden Tag misshandelte der Bräutigam seine neue Frau, die ganze Woche lang.

Dass Jamal darauf bestand, Farah so schnell wie möglich zu schwängern, war ein wichtiger Teil seiner Strategie. Er wusste: Wenn sie erst einmal Kinder hätten, würde seine Frau nicht versuchen, ihn zu verlassen. In der Kultur des Islam bleiben die Kinder nach einer Scheidung immer beim Vater. Fast alle Ehefrauen erdulden lieber die Schläge ihres Mannes, als ihre Kinder herzugeben.

Zurück von der alptraumhaften Flitterwoche in Aqaba, nahm Farah ihren Mut zusammen und fragte erneut, ob sie nicht wieder ihre Arbeit in der Bank, die sie so liebte, aufnehmen könnte. Zumindest für ein paar Monate. Diesmal lachte Jamal nur und verriet ihr, dass er bereits mit ihrem Chef gesprochen und in ihrem Namen die Kündigung unterschrieben hatte. Jamal war der Herr ihres Lebens geworden; seine Kontrolle war wie ein zentnerschweres Gewicht, das ihr die Luft zum Atmen nahm.

Noch im ersten Jahr ihrer Ehe erfüllte sich Jamals Wunsch: Farah wurde schwanger. Als das Kind geboren war, prahlte Jamal vor seinen Freunden wie ein Pfau damit, einen Jungen gezeugt zu haben. Als Farah zwei Jahre später einen weiteren Sohn zur Welt brachte, kannte Jamals Stolz keine Grenzen mehr.

Farah war nur noch für die Vergrößerung der Familie da. Jamal verwöhnte seine Söhne; für seine Frau hatte er nur Verachtung und Gewalt übrig. Was ihn nicht daran hinderte, jeden Abend auf die gleiche Art zu verbringen: erst das Abendessen, dann mit Farah ins Bett. Farah blieben nur noch die Tagträume von der großen Liebe. Wie schön hätte ihr Leben werden können, wenn sie auf irgendeinen der Männer reagiert hätte, die sie so oft zum Dinner oder ins Kino eingeladen hatten, als sie noch bei der Jordanischen Zentralbank arbeitete.

## In der Hölle

Eines Freitags, nach der *Dschumma,* ging Farah in den Supermarkt, um die Zutaten für die Abendmahlzeit zu kaufen. Sie trug jetzt einen schlichten schwarzen Hidschab und nicht mehr die farbenfrohe Designermode, die sie und Rania früher getragen hatten: eine fromme

Muslima unter der Fuchtel ihres Ehemannes. Sie war nicht mehr die junge Frau mit der großen Freiheit – oder die „moderne" muslimische Frau, die in einem angesehenen Beruf Karriere machte.

Mahmoud und Medo, ihre beiden Söhne, steckte sie in den Einkaufswagen und schob sie durch den Laden. Mehrere andere Mütter sagten ihr im Vorbeigehen, was für zwei süße Jungen sie hatte. Kaum zu glauben: Andere Menschen machten ihr Komplimente! Es war der Höhepunkt ihres Tages.

In der Kosmetikabteilung kam sie an einem Spiegel vorbei – und erschrak. Was war sie gealtert! Und diese Traurigkeit in ihren Augen. Sie war eine gebrochene Frau, die keine Hoffnung mehr hatte.

Beim Anblick ihres verbitterten Gesichts murmelte sie: „Noch tiefer kann ich nicht sinken."

Sie schüttelte den Kopf und schaute auf ihre Armbanduhr. Ihr blieben nur noch eineinhalb Stunden, um zurück nach Hause zu gehen, das Essen zu richten und sich auf Jamals Ankunft vorzubereiten.

„So einen Fraß wagst du einem Mann vorzusetzen?" Jamal warf das Essen mit dem Geschirr zusammen in den Mülleimer. „Das ist ja widerlich – fast so widerlich wie du!"

Wieder schlug er Farah ins Gesicht. Tränen der Erniedrigung traten ihr in die Augen. Das wären dann die nächsten blauen Flecken im Gesicht. Wieder einmal.

Als Jamal ins Wohnzimmer gegangen war, holte Farah die beschädigten Teller aus dem Müll und begann, die Reste des Abendessens abzuräumen. Sie hatte sich solche Mühe gegeben! Wieder einmal fragte sie sich, was sie bloß falsch gemacht hatte. *Irgendetwas* machte sie wohl immer falsch, egal, wie viel Mühe sie sich gab.

*Ich habe mich doch genau an das Rezept seiner Mutter gehalten. Als wir letzte Woche bei seinen Eltern waren, war er ganz begeistert von dem Gericht. Was habe ich diesmal nur falsch gemacht?*

Farah versuchte immer wieder, Gerichte auf den Tisch zu bringen, die ihrem Mann schmeckten – nicht aus Liebe, sondern um sich vor seinen harten Fäusten zu schützen. Jedes Mal, wenn er sie wie den letzten Dreck behandelte, starb ein Stück von ihrem Herzen; aber sie wusste: Verließ sie ihn, würde er die Kinder bekommen.

Noch mehr brach es ihr das Herz, wenn Jamal ohne ersichtlichen Grund einen ihrer Söhne schlug. Der jetzt fünfjährige Mahmoud versteckte sich jedes Mal, wenn er hörte, dass sein Vater von der Arbeit zurückkam; der dreijährige Medo klammerte sich von hinten an die Beine seiner Mutter, um sich in Sicherheit zu bringen. Wenn Jamal seine Kinder nicht schlug, dann brüllte er sie an. Für die Mutter und ihre Söhne war der beste Teil des Tages die Zeit, in der Jamal nicht zu Hause war, weil er arbeitete oder Freunde und Verwandte besuchte.

Am Morgen nach dem verunglückten Abendessen schob Farah ihren Hidschab so zurecht, dass niemand den blauen Fleck auf ihrer Wange sehen konnte. Sie war eine Meisterin darin geworden, die Spuren von Jamals Brutalität zu kaschieren. Aber noch schlimmer als die Schmerzen der Schläge waren die Wunden in ihrer Seele.

Sie war erleichtert, dass Jamal früher als sonst zur Arbeit fuhr. Das bedeutete, dass er länger von zu Hause weg sein würde. Eigentlich hätte die zusätzliche Zeit ohne ihn ihr ein bisschen Frieden und Erleichterung bringen sollen, aber der Schmerz in ihrem Herzen saß so tief, dass dort kein Platz mehr war für Gefühle des Glücks oder der Freude. Selbst dann nicht, wenn Jamal längere Zeit nicht da war.

Oft wünschte sie sich, dass er eines Tages die Nase voll hätte von ihr und sich scheiden lassen würde. Dann wäre sie ihn endlich los. Aber wenn sie dann an ihre Kinder dachte, verwarf sie den Wunsch schnell wieder. Was würde aus Medo und Mahmoud werden, wenn Jamal das alleinige Sorgerecht hatte? Manchmal wollte sie einfach nur sterben. Dann wäre sie für immer frei von ihrem tyrannischen Ehemann. Aber auch dann wären ihre geliebten Kinder die Leidtragenden.

Scham, Einsamkeit, Traurigkeit und Depression verschmolzen zu einem tiefen Gefühl der Selbstverachtung. Farah sehnte sich nach etwas, irgendetwas, um das klaffende Loch in ihrem Herzen auszufüllen. Abend für Abend schrie sie innerlich zu Allah, dass er sie retten möge aus dem Sumpf ihrer Depression. Aber er schwieg, blieb unnahbar und fern, und all ihre Tränen waren vergeblich.

## Warum lachen diese Flüchtlingsfrauen?

Irgendwann begann Farah zu resignieren. Ihr Leben war eine Katastrophe geworden und sie musste sich damit abfinden. Eines Tages fiel ihr auf, dass sie immer noch ihre alten, eleganten Kleider aus ihrer Zeit als Bankangestellte im Kleiderschrank hatte. Ihr Anblick hatte ihr lange Zeit Hoffnung gemacht, dass ihr Schicksal sich wenden würde. Aber es würde sich nie mehr wenden. War es da nicht besser, einen Schlussstrich zu ziehen und die Kleider zu verschenken? Farah beschloss, sie für syrische Flüchtlinge zu spenden. Vielleicht konnten ihre modischen Sachen anderen Frauen ein bisschen Freude in ihrem Leben schenken.

Die Alliance Church in Amman veranstaltete gerade eine Altkleidersammlung. Als Farah ankam, um ihre alte Garderobe zu spenden, war die kleine Kirche voll von syrischen Flüchtlingen; draußen stand eine lange Warteschlange.

Irgendetwas hier war komisch, fand Farah. Sie blieb hinter dem Eingang der Kirche stehen und stellte die Tüte mit ihren Kleidern ab. Irgendetwas passte hier nicht zusammen. Aber was war das nur? Sie dachte nach. *Diese Flüchtlinge sind doch Muslime! Warum helfen ihnen die anderen Muslime nicht? Warum muss ich in eine Kirche gehen, um diesen Leuten Hilfe zu bringen? Warum führt keine Moschee so eine Kleidersammlung durch? Lassen wir die Christen neuerdings unsere Arbeit machen?*

Ein ungewohnter Geruch riss Farah aus ihren Gedanken. Es war der ranzige Muff der *Abayas*[6] der syrischen Frauen. Offenbar waren sie

[6] *Abayas* sind knöchellange, weite Gewänder, die von vielen muslimischen Frauen als Oberbekleidung getragen werden.

seit Wochen nicht mehr gewaschen worden. Fahra rümpfte unwillkürlich die Nase, als sie die auf dem Boden liegenden Stapel gespendeter Sachen musterte – Kleider, Schuhe, sogar Küchenutensilien.

*Na ja, geteiltes Leid ist halbes Leid,* musste sie denken. Sie nahm ihre Kleidertüte wieder in die Hand. *Diese Bürgerkriegsopfer sind ja noch schlechter dran als ich …*

Sie bahnte sich einen Weg in das Innere des überfüllten Raumes. Rechts und links sah sie lächelnde Gesichter. Sie blieb erneut stehen. Wieder sah sie etwas, das komisch war. *Diese Frauen freuen sich ihres Lebens!* Sie wusste, dass viele ihren Ehemann im Krieg verloren hatten. Keine dieser Frauen hatte Geld, und die Kleider ihrer Kinder waren schmutzig und zerlumpt. Aber viele von ihnen lachten, als ob sie sich prächtig amüsierten. Wie war das möglich?

Farah starrte die Frauen an und wusste nicht, ob sie wachte oder träumte. Ihr Gehirn arbeitete. *Sobald sie Syrien verlassen haben und über die Grenze kommen, sind Flüchtlinge nur noch Nummern. Sie haben keine Heimat mehr, keine Verwandtschaft, keine Identität. Alles, was sie im Leben hatten, hat man ihnen weggenommen; sie müssen bei null wieder anfangen, sind bettelarm. Aber schau sie dir an!* Und dann durchschoss es sie wie ein elektrischer Schlag: *Warum fühle ich mich elender als sie?*

Mehrere Sekunden durchstreiften ihre Augen den Raum. Sie musste herausfinden, warum die Frauen hier drinnen so gut gelaunt waren. Sie trat zu einer fröhlich lächelnden Frau, die gerade einen Stapel Frauenkleider durchwühlte, und sprach sie kurzerhand an.

„Entschuldigen Sie, wie ist Ihr Name?"

Die Frau, aus ihrer Suche nach der richtigen Kleidergröße herausgerissen, sah Farah offen an und erwiderte mit herzlicher Stimme: „Mein Name ist Ekram, und ich komme aus Deir ez-Zor."

Sie zeigte auf drei Kinder, die hinter ihr einen anderen Kleiderhaufen durchwühlten. „Und das sind meine Kinder."

Farahs Stirn runzelte sich. „Deir ez-Zor? Aber diese Stadt war doch während der heftigsten Kämpfe in der Hand des Islamischen Staates. Wie können Sie da …"

„Lächeln?“ Ekram beendete die Frage für sie. „Nun, ich habe meine Familie verloren und Dinge gesehen … Ich hatte nicht gewusst, was Menschen anderen Menschen antun können. Mein Mann wurde umgebracht, weil er sich weigerte, in die Terrormaschinerie einzutreten, die fast unser ganzes Land zerstört hätte.

Aber der Islamische Staat hat mich dazu gebracht, neu über mein Leben und meine Religion nachzudenken. Dies war nicht der wahre Islam – oder jedenfalls nicht das, was ich gelernt hatte. Und jetzt wollen Sie wissen, warum ich lächeln kann?“ Ekrams Augen blitzten schelmisch. „Das ist ein Geheimnis. Wenn Sie morgen wiederkommen, erklär ich's Ihnen!“

Farah legte verblüfft ihren Kopf zur Seite. „Ein Geheimnis?“ Sie beäugte Ekram mehrere Sekunden lang. „Nehmen Sie Drogen?“

Ekram schüttelte kichernd ihren Kopf. „Kommen Sie morgen wieder, dann werden Sie es sehen.“

Sobald sie wieder zu Hause war – die Jungen machten gerade ihren Mittagsschlaf –, rief Farah Rania an. Sie erklärte ihr, dass sie die Kleider, für die Rania und sie stundenlang shoppen gegangen waren, weggegeben hatte. Und dann berichtete sie ihr ganz aufgeregt, was sie am Vormittag in dieser christlichen Kirche erlebt hatte.

„Rania, diese syrischen Flüchtlingsfrauen, denen ich heute begegnet bin, haben mehr gelächelt als wir Jordanier! Was ist bloß los mit denen? Viele von ihnen haben ihren Mann verloren.“ Sie gluckste. „Na ja, da würde *ich* bestimmt auch lächeln, aber darum geht es jetzt nicht. Ich verstehe diese Frauen einfach nicht. Was ist ihr Geheimnis?“

Rania dachte kurz nach, dann antwortete sie: „Vielleicht haben sie irgendeine Art echte Zufriedenheit gefunden, die ihnen einen inneren Frieden gibt. Oder vielleicht sind sie einfach gerne in Jordanien, das weiß ich nicht. Warum fragst du sie nicht einfach selbst?“

„Ich glaube, das mache ich glatt. Morgen Mittag um eins treffe ich mich mit ein paar von ihnen in dieser Kirche.“ Farah machte eine Pause. „Bitte komm doch mit, Rania. Ich sehe dich so selten. Ich verstehe ja, dass du mich wegen Jamal nicht gerne zu Hause besuchst.

Aber du musst diese Frauen mal kennenlernen. Das ist wichtig, ich spüre das irgendwie."

„Okay, Farah, ich gehe morgen mit. Aber jetzt muss ich aufhören. Mein Chef guckt schon in meine Richtung, er sieht richtig wütend aus."

## Muslimische Frauen in einer christlichen Kirche

Als Farah und Rania um den Dritten Kreisel herumliefen und Kurs auf den Zweiten Kreisel nahmen, legte Rania ihre rechte Hand auf den Arm ihrer Freundin.

„Farah, mir ist nicht ganz geheuer, was wir hier machen. Wir sind *Muslime*, die zu einer *Kirche* gehen. Gehen bei dir da nicht die Warnlichter an? Und heute ist auch noch Freitag, da gehören wir doch in die Moschee."

Farah blieb stehen und lachte.

„Wann warst *du* denn das letzte Mal in einer Moschee, Rania?" Sie sah ihre beste Freundin von der Seite her an. „Warum macht dir das solche Bauchschmerzen, eine Kirche zu betreten? Du warst doch noch nie religiös." Farah schüttelte den Kopf. „Ich habe Ekram nun mal in dieser Kirche kennengelernt."

Rania rollte die Augen, schaute Farah an, rollte wieder die Augen und verzog ihr Gesicht. „Also gut, aber lass uns schnell machen. Was, wenn meine Verwandten mich da sehen?"

Farah konnte nicht widerstehen. „Was, wenn sie dich in der *Moschee* sehen würden? Ich glaube, dann würden sie die Welt nicht mehr verstehen!"

Fünf Frauen mit leuchtenden Augen und verstaubten Hidschabs standen auf den Zehenspitzen und lugten über den Zaun der Kirche nach draußen, als Rania und Farah auf das Eingangstor zusteuerten. Die beiden Freundinnen stritten sich immer noch über ihren Besuch in einer christlichen Kirche.

„Farah!“ Ekram rief es so laut, dass die beiden verstummten. „Hier bin ich!“

Die beiden gingen durch das Tor und um den Zaun herum, wo Ekram und ihre Freundinnen warteten. Ekram dirigierte sie zu sechs Plastikstühlen, die um einen mit Tee und Süßigkeiten gedeckten Tisch standen. Einen siebten Stuhl holte sie von einem anderen Tisch. Die Frauen setzten sich.

Farah deutete auf Rania. „Dies ist meine Freundin Rania. – Ekram, wer sind deine Freundinnen hier?“

Ekram strahlte. „Wir stammen aus verschiedenen Städten in Syrien. Wir mussten erst nach Jordanien kommen, um uns kennenzulernen. Jede von uns hat Ähnliches erlebt, und so was verbindet.“

Rania warf ein: „Ja, Leiden kann verbinden, nicht wahr?“

„Das passiert, ja, aber das hat uns nicht zusammengebracht. Wir wissen, dass Gott uns zusammengeführt hat.“ Ekram hielt inne und sah erst Farah, dann Rania fest an. „Wenn ihr das jetzt in den falschen Hals kriegt, wäre dies das Ende unseres Gesprächs, aber ... hört einfach erst mal zu.

Als wir noch in Syrien waren, ist jeder von uns in ihren Träumen Jesus erschienen. Wir haben ihn viele Male gesehen. Er hat uns angewiesen, das Land zu verlassen und nach Jordanien zu gehen. Als ich mit meiner Familie zu Fuß auf dem Weg zur Grenze war, habe ich jede Nacht von Jesus geträumt. Wir waren viele Tage unterwegs. Ihr werdet das kaum glauben können, aber jede Nacht kam Jesus zu mir und sagte mir, was ich am nächsten Tag machen sollte.

Er führte mich und meine Kinder sicher durch alle Gefahren hindurch. Ich wusste nicht, welcher Weg gerade am sichersten war und wie man der Jabhat al-Nusra oder dem IS aus dem Weg gehen konnte. Wie sollte ich verhindern, dass jemand mich zwang, seine Frau zu werden, oder dass meine Kinder Waisen wurden?“

Ekram zeigte auf die vier anderen Frauen und fuhr fort: „Meine

Freundinnen haben ganz Ähnliches mit Jesus erlebt. Wir sind alle Witwen, die ihre Männer im Krieg verloren haben. Aber Jesus hat uns geführt. Er war unser himmlisches GPS."

Ekrams Freundinnen lachten.

Farah und Rania nahmen einen großen Schluck von ihrem Tee und schauten einander schweigend und ungläubig an.

Schließlich sagte Farah: „Aber ihr seid doch Muslime! Ihr seid doch wie Muslime gekleidet." Ihre Stimme wurde unsicher. „Jesus – das ist doch was für Christen ..."

Ekram erhob sich und dachte einen Augenblick nach. Dann sagte sie: „Das haben wir früher auch gedacht, ich meine, das haben uns unsere Imame ja immer gesagt. Aber heute wissen wir, dass wir unser ganzes Leben lang betrogen worden sind.

Der Grund, warum ich lächle – warum wir alle lächeln –, ist ganz einfach: Wir haben unser Leben Jesus gegeben." Ekram atmete tief aus. „So, jetzt hab ich's gesagt! Von fünf Frauen, die alle *ehemalige* Muslime sind, habt ihr so was bestimmt noch nie gehört.

Denn das sind wir: Christen mit muslimischem Hintergrund. Jesus ist unser Heiland, und wir folgen ihm nach – und lieben ihn. *Daher* kommt unsere Freude. Sie kommt von ihm und nicht von unseren äußeren Umständen."

Ekram schüttelte energisch den Kopf. „Wir sind keine Muslime mehr."

Rania und Farah starrten sie mit offenem Mund an. Dann wanderte ihr Blick langsam die Gesichter der anderen Frauen entlang.

Ekram fuhr fort: „Als Flüchtlinge sind wir praktisch rechtlos, und zurück nach Syrien können wir nicht. Unsere Häuser gibt es nicht mehr, und wir sind Witwen. Keiner beschützt uns, keiner will uns."

Ekrams Zeigefinger deutete nach oben, zum Himmel hin. „Aber Jesus will uns."

Farah war fasziniert und wollte mehr erfahren. Rania dagegen juckte es in den Beinen, aufzustehen und zu gehen. Farah, die das spürte, zeigte auf das Tor, durch das sie eingetreten waren.

„Rania, wenn du gehen willst, ist das in Ordnung, ich versteh das. Aber ich bleibe noch ein bisschen."

Drei Stunden nachdem Rania gegangen war, machte Farah sich auf den Heimweg. Das kleine Neue Testament, das sie in die Tasche ihrer *Abaya* geschoben hatte, würde gut unter den Stapel Geschirrtücher in der Küche passen. Dort wäre es absolut sicher vor Jamal, der nie auch nur einen Finger rührte am „Arbeitsplatz der Frau".

Am Abend tat sie, was Jamal von ihr verlangte, und blieb dann noch auf, um ein paar Dutzend Fragen aufzuschreiben, die sie an Ekram hatte.

Am folgenden Tag ging sie erneut zu der Kirche. Die Frauen konnten jede ihrer Fragen zu ihrer vollen Zufriedenheit beantworten, und in ihr keimte die vorsichtige Hoffnung, dass Ekram und ihre Freundinnen ihr vielleicht tatsächlich etwas Wichtiges zu bieten hatten. Am Abend lächelte sie Jamal an und staunte, als er sein Essen nicht in den Abfall warf.

Eine Woche später beteten Ekram und die anderen syrischen Frauen mit Farah, und sie vertraute ihr Leben Jesus Christus an. Die sechs Frauen erhoben sich von den Plastikstühlen, die um ihren „Konferenztisch" standen, und umarmten sich. Sie weinten vor Freude. Farah spürte, wie die Leere und der Schmerz aus ihrem Herzen verschwanden. Stattdessen kehrten tiefer Frieden und eine unerklärliche Freude dort ein. Zum ersten Mal seit langer Zeit lächelte sie.

## Vor dem König

Als Jamal und die Jungen schliefen, strömte Farahs Herz immer noch über von dankbarer Freude. Sie holte ihr Neues Testament aus dem Versteck unter den Geschirrtüchern, schlug das Johannesevangelium auf und las dort im ersten Kapitel: „All denen jedoch, die ihn aufnahmen und an seinen Namen glaubten, gab er das Recht, Gottes Kinder zu werden" (Johannes 1,12 (NGÜ)).

Farah lachte laut – und schickte gleich ein Gebet zum Himmel hoch, dass Jamal nicht davon aufgewacht war.

„Ich bin jetzt … ein Kind Gottes."

Leise wiederholte sie den Satz mehrere Male, während sie das kostbare Buch zurück in das Versteck legte und wieder in ihr Schlafzimmer ging. Es war einfach nicht zu fassen. Sie legte sich hin, auf ihrem Gesicht ein Lächeln, in ihrem Herzen wie ein Refrain dieser wahre, tröstliche Satz: *Ich bin ein Kind Gottes!*

Irgendjemand oder irgendetwas führte Farah in einen großen, hell erleuchteten Saal. Das Licht war stark, aber es tat nicht weh. Das Geräusch vieler Stimmen streichelte ihre Ohren. Die Stimmen waren laut, aber nicht unangenehm. Es klang, als ob viele Menschen sich angeregt unterhielten; ihr Lachen klang wie Glockengeläut.

Als ihre Augen sich an das Licht gewöhnt hatten, sah sie ein Kaleidoskop aus farbenfrohen Frauenkleidern. In den süßlichen Duft vieler Blumen mischten sich die verführerischen Gerüche eines Mahls, das bald serviert werden würde. Farahs Magen begann zu knurren.

Dann sah sie zu ihrer Linken eine Wendeltreppe, die nach oben führte. Sie spürte, dass sie dort hinaufmusste. Als sie die Stufen erklomm, löste sich die wunderbare Szene um sie herum langsam auf und machte einer hohen Gestalt Platz, die sich vor ihr erhob. Es war ein Mann in einem blendend weißen Gewand. Er schaute sie an, als sie näher kam. Sein Gewand sah königlich aus und bedeckte seine Füße.

Farahs Augen wanderten langsam an der erhabenen Gestalt hinauf, bis sie das edle, feingeschnittene Gesicht erreichten. Eine solche alles verzehrende Liebe, wie sie von dieser überweltlichen Gestalt ausströmte, hatte sie noch nie in ihrem Leben gesehen oder gespürt. Sein Blick drang bis in das Innerste ihrer Seele vor – und war doch so sanft wie eine Frühlingsbrise.

All ihre Angst und Scham lösten sich auf in der wärmenden Glut dieser vollkommenen Liebe. Ihr Kopf fiel auf ihre Brust. Jetzt holte der Mann aus den Falten seines Gewandes eine schlichte goldene Krone hervor und legte sie sacht auf Farahs Kopf. Dann reichte er ihr ein Stück Brot und sprach zu ihr.

„Farah, ich liebe dich. Du gehörst zu mir."

Die Stimme war sanft und freundlich, aber hinter ihr spürte Farah die Kraft eines mächtigen Stromes, der sich über tosende Wasserfälle ergießt. Sie spürte, wie tief in ihrer Seele etwas verändert wurde. Sie war neu geworden, für immer verändert durch das reinigende Feuer der Gegenwart Jesu.

Als sie aus ihrem Traum erwachte, war das sachte Lächeln, mit dem sie eingeschlafen war, zu einem breiten Grinsen geworden, das ihr ganzes Gesicht erfüllte. Sie war Jesus begegnet und spürte den Gefühlen nach. *Ja,* dachte sie, *es war ein Traum, aber es ist auch wirklich geschehen.*

Der Mann, vor dem sie gestanden hatte, war der König aller Könige, und sie – jawohl, sie! – war seine Tochter. Zum ersten Mal in ihrem Leben wusste sie, dass sie wertvoll war. Sogar das Selbstbewusstsein, das sie in ihrer Zeit mit Rania gespürt hatte, war nichts, verglichen mit dem, was sie jetzt hatte. Jetzt kannte sie die Wahrheit. Jetzt war sie jemand.

## Ein Ehemann versteht die Welt nicht mehr

Jamal musterte Farah argwöhnisch. Sie summte fröhlich, während sie das Essen auftrug. Wie üblich füllte sie zuerst Jamals Teller, dann die der beiden Jungen und zum Schluss ihren eigenen.

Jamal nahm den ersten Bissen und starrte Farah an, wie sie von ihrem Teller kostete, als sei dies die erste Mahlzeit ihres Lebens. Sie schien seinen Blick nicht zu bemerken. Innerlich war sie weit weg, in ihrem Traum aus der letzten Nacht.

Jamal mochte es nicht, wenn sie sich auf etwas anderes konzentrierte als auf ihn. Aber heute Abend war sie dabei irgendwie faszinierend. Er studierte ihr Gesicht und ihre Körpersprache. Anschließend stellte er ihr Fragen nach ihrem Tagesablauf zu Hause. Nach dem Gespräch stand Farah vom Esstisch auf und trug das schmutzige Geschirr in die Küche. Ihre Bewegungen waren selbstbewusst, ihr Schritt elastisch.

Was war da nur mit seiner Frau? Jamal folgte ihr in die Küche. Er würde sie zur Rede stellen und ihr die nächste Abreibung verpassen.

Er hob schon die Hand, um sie von hinten zu schlagen, aber Farah kam ihm zuvor. Sie wirbelte herum, sah ihrem finsteren Ehemann fest in die Augen und rief mit einer nie gekannten Entschlossenheit: „Stop! Mich wirst du nicht mehr schlagen, Jamal! Das ist vorbei. Ich bin keine Muslima mehr, ich bin ein Kind des Königs! Hast du mich verstanden?"

*Was* sagte sie da? Jamal erstarrte. Mehrere Sekunden guckte er Farah ungläubig an, dann ließ er seine Faust sinken.

Jamal Samaha drehte sich um und ging.

## Farah im Interview mit JoAnn

Ich konnte mich mit Farah bei einer Tasse Tee allein unterhalten. Ausführlich erzählte sie mir von ihrer Ehe mit Jamal und wie Jesus ihr hilft, aber sie forderte uns alle auch heraus.

**JoAnn:** Die Leute, die deine Geschichte gelesen haben, können es bestimmt nicht erwarten zu hören, was aus Jamal geworden ist. Er hat ja mitbekommen, wie dramatisch du dich verändert hast. Aber ist er zum Glauben an Jesus gekommen?

**Farah:** Ich wünschte, ich könnte das mit „Ja" beantworten. Doch ich merke, dass er noch unterwegs ist, jetzt seit etwas über einem Jahr. Seine Augen folgen mir, wenn ich den Haushalt mache, mich um die Kinder kümmere, ja sogar wenn ich einmal etwas Zeit für mich selber habe. Er denkt, dass ich diesen fragenden, ja manchmal sehnsüchtigen Blick in seinen Augen nicht bemerke, aber ich sehe ihn sehr wohl.

Schlagen tut er mich nicht mehr – und das allein ist ein kleines Wunder, das für unsere Kultur sehr ungewöhnlich ist. Viele meiner Schwestern in Jesus haben Ehemänner, die Muslime sind. Diese Ehemänner schlagen, misshandeln und beschimpfen sie weiter. Mir ist klar, dass ich da ein seltenes Geschenk bekommen habe – und eine Aufgabe.

Paulus schreibt ja, dass unser Leben wie ein Brief ist für die noch nicht Gläubigen. Ein Brief, der nicht mit Tinte, sondern mit dem Geist des lebendigen Gottes geschrieben ist. Wenn Jamal mich beobachtet, weiß ich, dass er dabei ist, den Brief zu lesen, den der Heilige Geist auf mein Herz schreibt. Er sieht Jesus in mir. Bislang versteht er nicht, was er da liest. Aber ich merke, wie er halb sehnsüchtig, halb verwirrt ist. Es ist nur eine Frage der Zeit, dann wird er zum Glauben kommen.

Wir alle – also meine christlichen Freundinnen und ich – beten dafür, dass Jamal und unsere sonstigen Verwandten Jesus genauso kennenlernen, wie wir das getan haben. Ich schäme mich des Evangeliums von Jesus Christus nicht! Ich nutze jede Gelegenheit, Jamal und meinen Verwandten, ja jedem, der bereit ist, mir zuzuhören, von Jesus zu erzählen. In meinem Leben ist Jesus das Wichtigste!

**JoAnn:** Farah, deine Geschichte illustriert die tiefe Liebe und Gnade Jesu, wenn wir nicht mehr ein noch aus wissen. Ich danke dir, dass du uns einlädst, anderen von deiner Reise zu berichten. Erzählst du uns noch von jenem Tag, den du „das große Reinigungsbad" nennst?

**Farah:** Das war einer der schönsten Tage meines Lebens. Ich folgte Jesus erst seit kurzer Zeit nach, aber meine Bindung an ihn war fest wie Zement; meine Liebe zu ihm war tief wie der Ozean und mein Hunger nach dem Wort Gottes so unersättlich wie der eines Neugeborenen nach der Muttermilch. Eines Tages lasen Rima – das ist eine Freundin, die so etwas wie eine geistliche Lehrerin geworden ist – und ich gemeinsam das achte Kapitel der Apostelgeschichte. Da begegnet Philippus dem Mann aus Äthiopien, der in dem Buch Jesaja liest. Doch der Mann versteht nicht, was er da liest. Philippus knüpft direkt an den

Text an, den der Mann gerade gelesen hat, und erklärt ihm, erfüllt vom Heiligen Geist, das Evangelium von Jesus. Als sie an einer Wasserstelle vorbeikommen, fragt der Reisende Philippus: „Spricht etwas dagegen, dass ich getauft werde?“ Und Philippus tauft ihn auf der Stelle.

Nun, ich merkte, wie der Heilige Geist an meinem Herzen zog. Dieser Äthiopier ließ sich, Minuten nachdem er zum Glauben gekommen war, taufen, und ich ging schon seit Monaten mit Jesus. Rima sah meine Tränen und reichte mir nicht nur ein Taschentuch, sondern auch einen Zettel mit der Ankündigung eines Taufgottesdienstes für neue Nachfolger Jesu. Er sollte demnächst stattfinden. Dass ich ausgerechnet an diesem Tag diese Stelle in Apostelgeschichte 8 gelesen hatte, war kein Zufall! Ich meldete mich auf der Stelle zur Taufe an, beschloss aber, meinen Verwandten nichts davon zu sagen.

Der Tag meiner Taufe kam. Ich war voller Hoffnung und Vorfreude. Ich kam früh in der Kirche an, mein Haar in einem schwarzen Hidschab, mein Herz hüpfend vor Aufregung. Meine Finger nestelten an einem schon halb zerknitterten Zettel, den ich in meiner Innentasche versteckt hatte. Darauf hatte ich den Bibelvers notiert, den ich mir in aller Frühe ausgesucht hatte.

Ein *Täufling* nach dem anderen kam in den Kirchenraum. Mit jedem leuchtenden Gesicht wurde das leise Stimmengewirr im Raum lauter. Als alle da waren, verschloss man die Türen und Fenster, damit wir in Sicherheit waren.

Wir begannen mit einigen Liedern, und das Singen machte unsere Herzen ruhig. Dann sprach Pastor Ahmad über Römer 10,9–10 und erinnerte uns daran, dass allein der Glaube an Jesus uns die Erlösung bringt: „Wenn du also mit deinem Mund bekennst, dass Jesus der Herr ist, und mit deinem Herzen glaubst, dass Gott ihn von den Toten auferweckt hat, wirst du gerettet werden.“ Er machte uns allen klar, dass unsere Taufe der äußere Ausdruck der inneren Hinwendung zu unserem Erlöser ist.

Dann sangen wir wieder. Ich hatte noch nie ein so schönes Lied gehört: „Heilig, heilig, heilig bist Du, Gott, und prächtig …“

Bald war ich an der Reihe. Ich spüre heute noch die Kühle des Wassers, das meine Haut streichelte, als ich die Stufen in das Taufbecken hinunterstieg.

Pastor Ahmad fragte mich: „Farah, bereust du deine Sünden, vertraust du auf Jesus als deinen Herrn und Heiland und hast du allen falschen Religionen abgesagt?“

Die freundliche Stimme des Pastors holte mich aus meinen Gedanken zurück, die auf Wanderschaft gegangen waren.

Ich antwortete: „Ja.“

„Farah, glaubst du, dass Jesus der Sohn Gottes ist, dass er von einer Jungfrau geboren wurde, ein vollkommenes Leben lebte, am Kreuz für deine Sünden starb und von den Toten auferweckt wurde? Glaubst du, dass er seinen Geist geschickt hat, um in dir zu wohnen, und dass er selber zur Rechten seines Vaters steht, um für dich zu bitten?“

„Ja.“

„Hast du einen Bibelvers, den dir der Geist Gottes gezeigt hat?“

„Ja! Da geht es um das, was Jesus mir gegeben hat.“ Und ich zog meinen Zettel hervor und las:

> Er hat mir ein neues Lied in meinen Mund gegeben,
> zu loben unsern Gott.
> Das werden viele sehen und sich fürchten
> und auf den HERRN hoffen.
> Psalm 40,4 (LÜ)

„Dann ist es mir eine Ehre, dich zu taufen, meine Schwester in Christus. Im Namen des Vaters, des Sohnes und des Heiligen Geistes.“

Die Zeit schien stillzustehen. Ich hielt mir die Nase zu. Die Hand des Pastors war auf meiner Hand. Ich schloss die Augen. Meine Knie gaben nach.

Es war wie in einem Bad, nur mit den Kleidern, aber dies schien wie ein ganz besonderes Wasser. Eine kribbelnde Wärme breitete sich in meinem Körper aus. Es begann mit den Armen und Beinen und erfasste dann mein Herz, meinen Geist. Der himmlische Vater war dabei, meine Seele, dieses schmutzige Gefäß, das ich war, zu reinigen und mich in etwas Neues, Frisches zu verwandeln. Als ich aus dem Wasser stieg, fühlte ich mich innerlich blitzsauber und glänzend.

Im Ankleideraum zog ich nur zögernd wieder das aus, was für mich ein heiliges Kleid war. Ich zog meine eigenen Kleider wieder an, ohne mich vorher abzutrocknen; sie waren mir zu kostbar, die Wassertropfen, die noch an meiner Haut klebten. Mein Haar ließ ich von der Luft trocknen. Dieses Gefühl, gereinigt zu sein, wollte ich so lange wie möglich spüren.

Gott weiß, wie viel Dreck Jesus von mir abwaschen musste – so viel Wut, Hass und Unversöhnlichkeit. Dinge, die meine Seele getrübt hatten. Immer wieder brach es aus mir hervor: „Danke, Jesus!"

Dies war der letzte Tag meines Lebens, an dem ich den *Hidschab* und die *Abaya* trug. Ich bin eine Tochter des Königs. Ich kleide mich nicht mehr wie eine Muslima, weil ich zu Jesus gehöre. Innerlich bin ich keine Muslima mehr, und deshalb kleide ich mich auch äußerlich nicht mehr wie eine Muslima.

**JoAnn:** Wie haben dein Mann und deine Familie auf diese mutige Entscheidung reagiert?

**Farah:** Zuerst war mein Mann schockiert. Er schlug mich allerdings nicht, obwohl ich das erwartet hatte. Ich glaube, ihm gefiel sogar die Veränderung, die er in mir sah.

Unsere Familien haben mehr oder weniger genauso reagiert wie Jamal. Die größten Probleme habe ich mit unseren Nachbarn. Oft bewerfen sie mich mit Steinen oder spucken mich an, weil ich keinen Hidschab mehr trage. Einmal verletzte so ein Stein Medo an der Wange. Inzwischen redet selbst Jamal davon, in ein anderes Viertel zu ziehen, wo die Leute nicht so fanatisch sind.

Ich finde, das ist ein weiteres Zeichen dafür, dass Gott in Jamals Herz am Arbeiten ist. Was der Teufel zum Bösen plant, benutzt Gott zum Guten.

**JoAnn:** Gibt es noch andere Dinge, die du gerne weitergeben würdest?

**Farah:** Meine Mutter hat die Operation gut überstanden. Letztlich hat Gott meine Zwangsheirat dazu benutzt, mich zu Jesus zu führen. Es war die schlimmste Zeit meines Lebens, aber mein wunderbarer Erlöser ist mir mitten in meinem Elend begegnet. Ich werde oft gefragt, was jetzt, da ich Jesus habe, die wichtigste Veränderung in meinem Leben ist. Meine Antwort ist: Ich habe endlich Frieden. Ich habe weiterhin Probleme mit meinem Mann. Es ist besser geworden, aber es gibt noch Probleme. Allerdings sind jetzt Friede und Trost meine ständigen Begleiter. Ich fühle mich, als ob ich im Himmel lebe und nicht mehr auf der Erde. Früher war mein Leben die Hölle. Es ist unglaublich, aber schon jetzt, da ich noch nicht in dem echten Himmel bin, fühle ich mich wie im Himmel – und das alles liegt an Jesus. Ich werde ihn nie verlassen.

**JoAnn:** Du hast neue Freunde, die diese Geschichte lesen und für dich beten. Gibt es etwas Besonderes, was du ihnen sagen möchtest?

**Farah:** Auf diese Frage habe ich gewartet, JoAnn. Ich möchte, dass meine lieben Brüder und Schwestern in Christus wissen, wie sehr ich sie liebe und wie dankbar ich für ihre Gebete bin. Und ja, ich habe eine Botschaft für sie.

Mein Herz war lange Zeit leer. Ich wünsche mir, jemand hätte mir schon viel früher von Jesus erzählt. Deswegen erzähle ich heute allen von ihm. Mein Leben mag in Gefahr sein, aber das ist mir egal. Ich möchte nur eines: meinem Erlöser nachfolgen und ihm treu sein. Das ist mein Lebensziel.

Und ich hoffe, es ist auch *dein* Ziel. Wahrscheinlich wohnen auch in deiner Nähe Muslime. Lieber Freund, liebe Freundin: Sie brauchen dich! Wenn *du* nicht ihr Freund wirst und ihnen Jesus zeigst, wer soll es dann tun?

Sei dir darüber klar: Der Islam steht im Begriff zu kollabieren. Noch nie sind Muslime offener für Jesus gewesen als heute.

Ich bitte dich: Tu etwas! Besuche die Moschee in deiner Nachbarschaft. Geh in die türkischen und arabischen Restaurants. Tu etwas, um Muslimen die Liebe Jesu zu zeigen.

Was mich betrifft, so gehe ich davon aus, dass ich für Jesus sterben werde. Im Westen wird man wahrscheinlich nicht für Jesus sterben müssen, aber … wirst du für ihn *leben*?

---

Ich will dich unterweisen und dir den Weg zeigen,
den du gehen sollst;
ich will dich mit meinen Augen leiten.
Psalm 32,8 (LÜ)

# Kapitel 4

# „Dieses Licht kann man nicht kaufen"

*„Dschihad al-nikah."*

Es waren hässliche Worte, die Layla Medina durch ihre zusammengebissenen Zähne zischte. Währenddessen betrachtete sie den Strom schwarz gekleideter Gestalten, der vor dem Fenster ihrer Wohnung vorüberzog.

Durch die Augenschlitze der Niqabs sah man dunkle Augen aus dem fernen Tunesien, aber auch aus anderen Provinzen Syriens. Die meisten gehörten Teenagern, einige Frauen waren in ihren Zwanzigern; viel älter als dreißig schien keine zu sein. Der „sexuelle Dschihad", der sexuelle Heilige Krieg war jetzt für jedermann sichtbar.

Vor ein paar Jahren hatte der tunesische Innenminister Lotfi Ben Jeddou dem Parlament mitgeteilt, dass tunesische Mädchen nach Syrien reisten, um sich Kämpfern des „Islamischen Staates" als „Zeitehefrauen" anzubieten. Dabei lobte er den Einsatz dieser jungen Frauen, die muslimischen Kämpfern in ihrem Krieg gegen Bashar al-Assad *Trost und Freude* gaben.

Layla dachte an einen Zeitungsartikel, in dem einige dieser „hingebungsvollen" Frauen damit geprahlt hatten, dass sie zwischen fünfzig und hundert verschiedene Männer so „getröstet" hatten. Sie zog ihren eigenen Niqab zurecht, nahm die Hand ihres sechsjährigen Sohnes,

Bishara, und trat durch die Haustür nach draußen. Auf dem Weg zum Markt, wo sie Linsen und Brot für die Abendmahlzeit der Familie kaufen wollte, tauchte sie zwangsläufig in den Strom dieser „heiligen Kriegerinnen" ein.

Obwohl es manchen gelang, nicht zu marschieren, sondern zu schlendern, roch Layla förmlich den elenden Stolz dieser *Dschihad al-nikah*-Kämpferinnen. Auch wenn man nur ihre Augen sehen konnte: Es war offensichtlich, dass sie für ihren *Dienst* an der guten Sache des IS allgemeine Anerkennung erwarteten. Jeden Tag liefen sie zu Dutzenden die Straßen entlang, die knapp nördlich des Euphrat verliefen, vorbei am Zentrum der syrischen Großstadt Raqqa. Es war der Weg zu den Regierungsgebäuden, die seit einiger Zeit in der Hand des IS waren.

Den IS-Führern war der „sexuelle Dschihad" gerade recht. Sie ermunterten diese freiwilligen Sexsklavinnen noch, indem sie damit prahlten, wie viele Frauen sich schon dem „heroischen Kampf gegen Assad" und die alawitisch geführte Regierung Syriens angeschlossen hatten.

Während sie im Strom der Frauen mitschwamm, führte Layla Selbstgespräche über das Spektakel, das sie da sah. Ihre Niqab erlaubte es ihr, die Frauen unbemerkt verächtlich anzugrinsen. Sie packte Bisharas Hand fester und flüsterte: „Diese Frauen bilden sich ein, dass sie Allah dienen, aber sie dienen nur der Gier der Männer. Sie stolzieren wie Prinzessinnen durch Raqqa; ihre Arroganz ist genau so widerlich wie der Gestank ihres ranzigen Parfüms.

Wie soll dieser tolle Islamische Staat denn noch die Zeit haben, gegen die syrische Armee zu kämpfen? Die sind ja nur noch mit Frauen beschäftigt!"

Ein neuer Gedanke trat in ihren inneren Monolog. „Und wie kann das überhaupt sein, dass ein Mann so viele Frauen haben kann, wie er will? Eine *Frau*, die mehrere *Männer* hat, würde man hinrichten!" Sie schielte zu einigen der Frauen hin. „Na ja, außer im Krieg natürlich. Dann können wir so viele Männer haben, wie wir wollen!

Mir wird schlecht, wenn ich diese Huren sehe. Ist mir egal, ob sie mithelfen wollen, Assad zu stürzen. Eine Frau, die sich den Männern an den Hals wirft – egal, ob gerade Krieg oder Frieden ist –, ist eine *Hure*!“

Layla blieb stehen und schaute zu einer Gruppe von vielleicht dreißig Frauen hinüber, die vor einem teilweise ausgebombten Gebäude standen. Mehrere von ihnen tanzten im Kreis herum. Layla drehte sich der Magen um, als eine mit einem Hidschab bekleidete Frau aus dem Gebäude trat, nacheinander auf fünf der schwarz vermummten Gestalten zeigte und ihnen bedeutete, mit ihr zu kommen. Das Kichern, das aus den Niqabs kam, signalisierte Layla, dass die gerade Auserwählten noch Teenager waren. Sie schaute den verblendeten Mädchen hinterher, wie sie in dem lädierten Gebäude verschwanden.

Angewidert schüttelte Layla den Kopf, setzte langsam ihren Weg zum Markt fort und nahm ihr Selbstgespräch wieder auf.

„So viel zum Islamischen Staat und seinen Sicherheitsmaßnahmen. Die syrische Armee braucht keinen Geheimdienst und kein GPS, um unsere Truppen ausfindig zu machen. Sie brauchen bloß zu gucken, wo die Frauen Schlange stehen, um dann ihre Bomben dort abzuwerfen.“

Im Gegensatz zu ihren selbstbewussten Bewegungen und ihrem Kichern nahm Layla auch Scham in den Augen der Mädchen wahr.

„Wie verblendet sie sind! Glauben sie wirklich, dass sie sich mit ihrem Beitrag zum Sieg Ehemänner erwerben können? Wer will denn so eine Frau anschließend noch haben? Sie haben ihr Leben kaputt gemacht, und den nächsten *Ehemann* gibt's vielleicht, wenn der nächste Krieg in Syrien ausbricht.“ Mehr oder weniger verzweifelt kicherte sie: „Na gut, so wie es aussieht, kommt der nächste Krieg schon bald.“

Layla ging schweigend bis zur nächsten Kreuzung, dann begann sie unter ihrem Niqab eine neue Tirade. „Ist es das, was meine Religion über die Frauen lehrt? Sind wir nur für Sex und Babys gut? In unserem Koran steht bestimmt etwas anderes. Ich habe ihn bisher noch nie gelesen, aber jetzt werde ich anfangen. Ich habe es satt, mir von den

Imamen sagen zu lassen, was im Koran steht. Ich werde ihn selbst lesen, und dann werde ich den Imamen auf die Sprünge helfen.

Dann wird Schluss sein mit dieser Perversion der Rolle der Frau im Islam! Jawohl! Ich werde zu Mohammed gehen und *seine* Worte lesen. Er hat uns doch so geliebt."

Layla unterbrach sich. Sie merkte, dass ihr Flüstern lauter geworden war und dass Bishara zu ihr hochsah. Aber schlimmer noch war der nächste Gedanke, der ihr kam – etwas, was sie unzählige Male gehört hatte, seit sie ein kleines Mädchen war: *Der Große Prophet hat sich in seinem Leben dreizehn Frauen gegönnt.* Jeder Imam, dem sie bisher begegnet war, hatte sie daran erinnert, dass das eine historische Tatsache war.

## Der Platz der Frau, das Elend der Frau

Die unappetitliche Mischung aus dem Geruch von Kaffeesatz und kaltem Zigarettenqualm erinnerte Layla daran, dass sie zu Hause war. Sie saß auf dem Sofa und betrachtete gedankenverloren das grüne Buch auf dem Couchtisch. Yasser hatte es, wie immer, liegen gelassen neben der halb vollen Kaffeetasse mit dem Sprung und dem überquellenden Aschenbecher.

Mit zitternden Händen griff Layla nach dem Buch. Gleich würde sie zum ersten Mal in ihrem Leben im Koran lesen. Halb begeisterte es sie, halb machte es ihr Angst.

Langsam ließ sie ihre Finger an den Seiten entlanggleiten. Angenehm weich fühlten sie sich an, und sie spürte, wie ihr Körper sich entspannte. Sie hatte das Buch noch nie in der Hand gehabt, aber sie sah sofort, dass der Goldschnitt halb abgerieben war von Yassers täglicher Lektüre. Für einen Augenblick hielt sie die Luft an, bei dem Gedanken, der ihr am meisten Angst machte: *Werde ich hier die Antworten finden, die ich suche?*

Mit klopfendem Herzen begann Layla, das heilige Buch des Islam durchzublättern. Was sie genau suchte, wusste sie selbst nicht, und so ließ sie ihren Blick da und dort über eine Seite schweifen, bis ihr eine Stelle regelrecht in die Augen sprang:

> Die Männer sind den Weibern überlegen wegen dessen, was Allah den einen vor den andern gegeben hat, und weil sie von ihrem Geld (für die Weiber) auslegen. Die rechtschaffenen Frauen sind gehorsam und sorgsam in der Abwesenheit (ihrer Gatten), wie Allah für sie sorgte. Diejenigen aber, für deren Widerspenstigkeit ihr fürchtet – warnet sie, verbannet sie in die Schlafgemächer und schlagt sie.[7]

Layla stockte der Atem. Sie merkte, wie ihre Augen nass wurden. Sie keuchte auf, dann begann sie haltlos zu schluchzen.

Unkontrollierbar huschten ihr Gedanken durch den Kopf, gegen die sie sich vergeblich wehrte. *Dies ist also eine der hässlichen „Wahrheiten", die unser sogenanntes heiliges Buch über die Frauen lehrt. Ja, ich weiß aus erster Hand, wie die Frauen behandelt werden; die Narben an meinem Körper sind der Beweis. Mein ganzes Leben verbringe ich schon unter der schwarzen Wolke der Brutalität, die zu der „Friedensreligion" des Islam gehört, aber ich hatte nicht gewusst, dass in den Suren solche schlimmen und erniedrigenden Dinge stehen. Wie kann unsere Religion solch einen Hass lehren? Und wie kann ich sie da weiter glauben und ehren?*

„O, Gott", sagte sie schließlich laut, „aber etwas anderes habe ich ja nie gekannt. Das haben sie mir beigebracht, seit ich ein kleines Mädchen war!"

Drei Monate lang studierte Layla den Koran. Vielleicht hatte sie ja diese Sure, die sie da gelesen hatte, missverstanden? Sie machte sich Notizen zu allen Stellen, an denen von Frauen die Rede war. Stundenlang grübelte sie über das Gelesene nach. Sie stellte sich viele Fragen. Und sie weinte.

---

[7] Koran, Sure 4,34. Zitiert nach: *Der Koran,* aus dem Arabischen übersetzt von Max Henning (Stuttgart: Reclam, 1960).

Sie sorgte dafür, dass Yasser ihr Koranstudium nicht mitbekam. Er hätte es nie gebilligt. Gleich zu Beginn ihrer Ehe hatte er ihr klargemacht, dass *er* den Koran *für sie* lesen würde, damit sie ihn „richtig verstand". Vor zehn Jahren, einen Tag nach der Hochzeit, hatte er ihr befohlen, sich hinzusetzen und folgende Anweisungen aufzuschreiben:

> Dies ist das wichtigste Buch in der Welt, Layla. Nichts reicht an seine Weisheit heran. Es ist wahrlich wunderbar. Aber Frauen haben nicht die nötige geistige Kapazität, um es zu verstehen, und darum werde *ich* dir aus ihm vorlesen. Durch mich wirst du dieses Buch verstehen. Darum hat Allah es den Frauen geschenkt, mit Männern wie mir verheiratet zu sein.
>
> Wir sind den Frauen überlegen in unserer Fähigkeit, die großen Dinge unseres Gottes zu verstehen. Ich werde dein Lehrer sein. Und es ist mir auch ein Anliegen, dafür zu sorgen, dass du den Koran lernst. Ich werde dich also jede Woche prüfen, und wenn du meine Fragen nicht beantworten kannst, ist es nur recht und billig, wenn ich dich bestrafe; so will es Allah!
>
> Aber ich bin ein begabter Lehrer; das hat mir unser geschätzter Imam von Raqqa mehr als einmal gesagt. Und daher habe ich keinen Zweifel, dass du meine beste Schülerin werden willst. Meine einzige Schülerin.
>
> Und ich kann es nicht erwarten, dass du deinerseits unsere Kinder lehrst. Sie werden große Diener Allahs werden. Wenn *wir* nicht das unrechtmäßige Terrorregime von Assad stürzen, dann wird es ganz bestimmt *ihre* Generation tun. Jawohl, sie werden in unsere Fußstapfen treten, unser Werk weiterführen und das vollenden, was wir begonnen haben. Der Tag wird kommen, an dem Syrien wieder unter der rechtmäßigen Herrschaft sunnitischer Muslime steht und die Alawiten hinausgeworfen werden aus der Heimat der wahren arabischen Kämpfer Allahs, des Islamischen Staates.
>
> Layla, setze dich zu meinen Füßen und lerne den Weg Mohammeds. Du wirst nicht wünschen, dass ich aufhöre, dich zu lehren.

Ich weiß das. Die Scharia ist die Zukunft der Welt; keiner weiß das besser als ich.

Eines Nachmittags, als sie wieder zu Hause saß und allein den Koran studierte, las Layla Yassers Instruktionen erneut durch – und musste laut lachen.

Sie sprach in das leere Zimmer hinein: „O, Yasser, wenn du so ein begabter Lehrer bist, warum habe ich dann heute mehr Zweifel an meiner Religion als damals zur Zeit unserer Heirat? Die Frage kannst du mir nicht beantworten, da bin ich sicher."

Nach neunzig Tagen Suchen im Koran hatte eine zentrale Frage in Laylas Kopf Gestalt gewonnen: Was war die Ursache für die Ungereimtheiten, die sie in ihrer Religion entdeckt hatte? War es der Koran selbst oder lag es am Lebensstil ihres Mannes?

Nach dem Koran las Layla in den Hadithen, dem zweiten großen heiligen Buch des Islam. Einen Monat später hatte sie nur noch mehr Fragen. Sie begriff, dass die Brutalität, mit der ihr Mann sie behandelte, direkt mit dem zu tun hatte, was er im Koran und in den Hadithen las.

Tag und Nacht schwirrten ihr Fragen durch den Kopf – Fragen, die sie nicht mehr loswerden konnte:

- *Wie kann ich noch eine Muslima bleiben? Vor allem, wenn ich mir anschaue, wie schlimm wir Frauen behandelt werden. Wir sind der letzte Dreck!*
- *Selbst Aisha, die Lieblingsfrau des Propheten Mohammed, sagte, dass ihre Arme von blauen Flecken übersät waren. Und sie war eine von den Glücklichen! Sie war eine geliebte Frau. Der Islam hat die Misshandlung der Frau zu einer Tugend und zur Norm in unserer Welt gemacht. Wie konnte ein solches Unrecht in unserer Gesellschaft zur Normalität werden?*

- *Ich werde nie das Leben mit meinem Mann haben, von dem ich geträumt hatte. Ich werde immer minderwertig sein. Sollte ich nicht einfach den kleinen Bishara nehmen und verschwinden?*

## Flucht in den Libanon

Layla bekam keine Antworten auf ihre Fragen. Dafür nahm ihre Zukunft eines Morgens, kurz nachdem Yasser zur Arbeit gegangen war, eine unerwartete Wendung. Ein paar Minuten, nachdem er die Wohnung verlassen hatte, war er wieder da. Er stürmte ins Wohnzimmer und rief: „Layla, pack ein paar Kleider für dich und den Jungen! Die syrische Armee will mich einsperren oder umbringen. Wir müssen sofort hier weg! Sie haben herausgefunden, wo wir wohnen."

Laylas erste Reaktion war: *Was ist der wieder laut! Hoffentlich haben die Nachbarn das nicht mitgehört!* Dann sah sie ihren Mann fragend an.

„Yasser, was hast du denn gemacht, dass sie hinter dir her sind? Du bist doch Autohändler und kein Terrorist! Warum interessieren die sich für dich?"

„Das ist jetzt egal, Layla. Das erzähl ich dir unterwegs, auf dem Weg nach Beirut. Ich verkaufe nicht nur Autos, ich tue auch was für die Sache Allahs." Er klopfte sich an die Brust. „Ich organisiere Fahrzeuge für den Islamischen Staat. Weck Bishara. Wir müssen los!"

Ein paar Minuten später hatte Yasser ein Taxi besorgt, und die Familie Medina war auf dem Weg nach Westen, zur libanesischen Grenze. Layla hatte bisher für syrische Kriegsflüchtlinge nur Verachtung übriggehabt; in ihren Augen waren sie feige Verräter.

Als ob er ihre Gedanken lesen könnte, versicherte Yasser ihr, dass sie beileibe keine Flüchtlinge waren. Nein, sie nicht. Es handelte sich um eine vorübergehende Abwesenheit, so lange, bis die Gefahr vorüber war. Assads Leute würden bald besiegt sein, und wenn nicht, dann würden sie Yasser vergessen und glauben, dass er Syrien für immer verlassen habe.

Layla hatte ihre Zweifel.

„Aber, Yasser, wie sollen wir denn über die Grenze kommen? Die lassen doch keinen aus Raqqa in den Libanon; die wissen doch, dass Raqqa die Hauptstadt des Islamischen Staates ist. Die lassen uns nicht durch."

Yasser grinste schräg. „Ich habe Freunde an der Grenze, Layla. Und dass ich gerade dem syrischen Kommandanten am Grenzübergang Qaa ein Auto geliefert hab, dürfte auch helfen."

Kurz schaute er zu Layla hin. „Sieh es nicht als Bestechung. Nenn es ein Geschenk für seine Familie, die uns den Grenzübertritt erleichtert. Er wird dem Kommandanten auf der libanesischen Seite Bescheid geben."

Yasser zwinkerte mit den Augen. „Für den hab ich auch ein Geschenk. Kein Auto, aber etwas, was jeder Soldat braucht: Geld."

Sie brausten Richtung Mittelmeer. Bald merkte Layla, dass Yasser seinen Plan offenbar schon von langer Hand vorbereitet hatte. Sie zeigte auf den Fahrer.

„Yasser, du hast ihm gar nicht gesagt, wohin wir wollen. Er wusste schon vorher Bescheid, oder?"

Yasser nickte grinsend, offensichtlich sehr mit sich selbst zufrieden.

„Ich habe diesen Fluchtplan seit drei Jahren in der Schublade gehabt. Deswegen weiß ich ja, dass wir nicht lange drüben bleiben werden. Bald werden wir wieder nach Syrien zurückkönnen, und dann wird es ein neues Land sein, in dem der Islamische Staat regiert. Syrien wird das Herz der arabischen Welt sein, und von *unserer* Heimatstadt aus werden sich der Islamische Staat und die Scharia überallhin verbreiten. Muslime in aller Welt werden an uns sehen können, wie der Islam einst über die ganze Welt herrschen wird!"

Sein heftiges Lachen weckte Bishara auf, der verschreckt zu weinen begann, als habe er gerade einen schlimmen Traum gehabt. Layla strich ihm beruhigend über den Kopf. Wenn sie ehrlich war, dann hatte sie genauso Angst wie er.

# Ende der Träume

„Betrachte es als ein kleines Zeichen der Wertschätzung, mein Freund. Es ist eine bloße Kleinigkeit, Hisham." Yasser schmierte dem Grenzkommandanten ordentlich Honig ums Maul.

Auf der siebenstündigen Fahrt von Raqqa hatten die Medinas immer wieder schikanöse Kontrollen über sich ergehen lassen müssen, aber jetzt, wo es darauf ankam, wurden sie wie Prominente behandelt – von Yassers neuem Freund Hisham und den übrigen Militärs an der Grenze.

Ein zwei Jahre alter Toyota Corolla aus Yassers Autohandlung war die Eintrittskarte, die die Familie Medina im Nu über die Grenze in den Libanon brachte. Eine Tasse Kaffee und frische Baklava hatten den Grenzübertritt zusätzlich versüßt. Als der Wagen wieder losfuhr, hinein in den Libanon, zeigte Yasser kurz über seine Schulter.

„Layla, schau dir das Schild da an! Wenn wir das nächste Mal hier sind, wird das weg sein."

Layla drehte den Kopf und las das Schild am libanesischen Grenzkontrollpunkt: „Willkommen im Syrien von Bashar al-Assad. Die Libanesen und die Syrer sind *ein* Volk, das in zwei Bruderländern lebt."

Yasser fuhr höhnisch grinsend fort: „Ich kann dir garantieren: Bald wirst du dort nicht mehr Assads hässliche Visage sehen, sondern das Symbol des Islamischen Staates. Wir werden den Tag erleben, an dem seine Leiche im Wind baumelt, nachdem unsere Helden ihn gefangengenommen haben. Sein Ende wird bald kommen."

Er hob seine Hand und winkte. „Bis bald, geliebtes Syrien!"

Zwei Monate später stellte sich heraus, dass der Fluchtplan alles andere als genial war. Die Freunde, bei denen die Medinas wohnten, hatten plötzlich keinen Platz mehr für sie, als ihre eigenen Verwandten als Flüchtlinge eintrafen. Yasser, Layla und Bishara hatten buchstäblich kein Dach mehr über dem Kopf, und ihre vermeintlich unerschöpflichen Ersparnisse schmolzen dahin.

Dann führte eine neue Wendung im Krieg dazu, dass die Grenze geschlossen wurde; jetzt konnte niemand, der aus Raqqa gekommen war, wieder zurück nach Syrien. Der Islamische Staat war vom Jäger zum Gejagten geworden, sodass es für Leute wie Yasser der reine Selbstmord gewesen wäre, zurück nach Syrien zu gehen. Das Begrüßungsgeschenk wäre das Gefängnis oder eine Kugel in den Kopf gewesen. Halb wütend, halb resigniert zog Yasser mit Frau und Kind nach Tripoli im Norden des Libanon, wo er seine Familie im Flüchtlingslager Beddawi registrieren ließ. Jetzt waren sie hochoffiziell syrische Flüchtlinge.

*Syrische Flüchtlinge.* Layla spürte das ganze Gewicht dieser Bezeichnung, als die Lagerverwaltung Yasser, Bishara und ihr persönliche Nummern zuteilte und ihnen dann ein Zelt zuwies.

Layla öffnete die Zeltplane und schaute durch einen Tränenschleier in die verdreckte, winzige Behausung, die ihr neues Heim war. Ein einziges kleines Heizgerät war alles, was es an Wärmequellen für kaltes Wetter gab. Sie lächelte Bishara tapfer an, während in ihr eigentlich eine Welt einstürzte. Ihr Leben war vorbei. Sie spürte förmlich, dass Yasser mittlerweile überzeugt war, gerade den größten Fehler seines Lebens gemacht zu haben. Es hätte doch bestimmt irgendwo in Syrien einen sicheren Ort für sie gegeben …

Aus den Tagen im Lager Beddawi wurden Wochen, dann Monate. Nach einem halben Jahr fiel Yasser in tiefe Depressionen. Laylas einst so redegewandter Islamlehrer sprach kaum noch ein Wort, und seinen Koran las er gar nicht mehr.

Die Verzweiflung ihres Mannes machte Layla noch mehr Angst als früher seine Herrschsucht. Sie merkte: Wenn es in diesem Elend irgendwo etwas Gutes gab, dann musste *sie* es finden. *Jetzt bin ich gefordert.* Jedes Mal schloss sie die Augen, wenn ihr der Gedanke durch den Kopf ging.

In Syrien war Yasser ein erfolgreicher Geschäftsmann gewesen. Jetzt war er nur eine kleine Nummer im großen syrischen Flüchtlings-Desaster. Die Libanesen hatten es längst satt, für die Tausende zu sorgen, die der Hölle in Syrien entronnen waren. Den meisten war es herzlich egal, ob die Flüchtlinge legal oder illegal ins Land gekommen waren; sie wollten, dass sie wieder verschwanden.

Früher hatten die Syrer auf ihre libanesischen Nachbarn herabgesehen, die sie für Schwächlinge hielten, die sich alles gefallen ließen. Jetzt hatte sich das Blatt gewendet. Rache war süß.

Yasser verbrachte den Tag im Wesentlichen mit Schlafen und Trinken. Die Einsamkeit machte Layla antriebslos. Ihr persönliches Koranstudium über die Rolle der Frau im Islam gab sie auf. Sie hatte jetzt keine Zeit mehr für solche Fragen; was zählte, war das nackte Überleben.

Täglich kam es zu gewalttätigen Auseinandersetzungen im Lager. Alte Rechnungen wurden beglichen zwischen Feinden, die jetzt zu nah beieinanderwohnten. Das Essen war ordentlich, aber die Langeweile war Laylas ständiger Begleiter, selbst dann, wenn sie mit Bishara spielte. Sie konnte nur hoffen, dass Bishara glaubte, dass alles gut werden würde. Ihre Angst davor, jetzt die Familie führen zu müssen, meldete sich immer wieder. Das Leben mit Yasser war nie einfach gewesen. Sie wusste nicht, wie es weitergehen sollte.

Aber das sollte sich bald ändern.

## Eine Schulter zum Ausweinen

„Willkommen im Libanon! Ich sehe, du bist neu hier."

Layla stand vor ihrem Zelt und schaute ins Leere, als die laute, aber angenehme Stimme sie aufschreckte.

„Wie habt ihr euch eingelebt hier im Lager? Es ist sicher nicht einfach gewesen. Bei mir war es das auch nicht. Aber dass wir Syrien verlassen mussten, hat sich als Segen entpuppt; eigentlich war es das Beste, was meiner Familie passieren konnte."

Die gesprächige Fremde unterbrach sich. „Mensch, das ist typisch für mich! Da fang ich an zu erzählen und habe mich noch gar nicht vorgestellt. Ich komme aus Aleppo, und mein Name ist Dina, Dina Hadad."

Layla musterte die Frau erstaunt.

„Schön, dich zu treffen, Dina." Sie gab sich gar nicht erst die Mühe, fröhlich zu klingen. „Könnten wir woanders hingehen, um uns zu unterhalten?"

Und ohne auf eine Antwort zu warten, packte Layla Bishara, der an der Wand des Zeltes hockte, an der Hand und zog ihn hoch. Dina nickte und bedeutete den beiden, ihr zu folgen.

Kaum saßen sie im Kaffeezelt, da brach Layla zusammen. Sie begann zu schluchzen und brachte kein Wort heraus. Dina sah Bisharas verstörtes Gesicht und nahm den Jungen vorsichtig in ihre Arme. Eine Stunde später weinte Layla immer noch.

Endlich, mit vielen Pausen zum Luftholen, begann Layla, der freundlichen Fremden ihre Geschichte zu erzählen. „Wir haben keine Ahnung, wann wir endlich wieder rauskönnen aus diesem gottverlassenen Lager. Diese Palästinenser sind schon seit Jahrzehnten hier – und auch sie hassen uns. Dieses Lager geht vor die Hunde! Wusstest du, dass es schon seit 1955 existiert? Kannst du das glauben, Dina? Überall Ratten und noch mal Ratten! Yasser und ich hatten eine Menge Geld in Syrien, und jetzt kommen wir vielleicht nie mehr da dran …"

Sie unterbrach sich abrupt und keuchte. „Entschuldige, Dina, aber *deine* Geschichte hab ich ja noch gar nicht gehört. Wie bist *du* hierhergekommen?"

Dina lächelte. „Layla, jeden Tag frage ich Gott, wen ich ansprechen soll, und heute warst du das. Ich wusste nicht, warum es mich ausgerechnet zu deinem Zelt zog. Dies ist mein erster Besuch im Lager Beddawi. Aber ich habe es gelernt, mich von Gottes Geist leiten zu lassen.

Tja, meine Geschichte geht so: Meine Freundinnen versichern mir, dass ich früher die schlimmste Ehe in ganz Syrien hatte."

Sie lachte fröhlich. „Das ist eine hohe Ehre, nicht wahr? Aber ich glaube, meine Freundinnen hatten recht. Die ständigen Schläge und all die anderen Frauen, die mein Mann hatte – ich träumte nicht bloß davon, ihn zu verlassen, ich wollte ihn sogar *umbringen*! Aber dann geschah ein Wunder: Mohammad wurde erlöst."

Der Satz hing in der Luft, und Layla fragte sich, was, um alles in der Welt, es bedeutete, „erlöst" zu sein.

„Dein Mann ist *erlöst* worden? Erlöst wovon?"

Dina kicherte. „Von seinen *Sünden*. Das ist das Wichtigste im Leben, wovon der Mensch erlöst werden muss. Gott erlöst uns manchmal auch von Gefahr und Unheil, aber das ist nur vorübergehend. Und ich kann dir sagen: Mein Mann hatte einen Haufen Sünden, von denen er Erlösung brauchte. Aber Jesus hat ihm vergeben. Und *ich* musste ihm auch vergeben."

Layla, deren Tränen allmählich trockneten, sah Dina mit zur Seite gelegtem Kopf fragend an. Dann, ganz langsam, dämmerte es ihr.

„Dina, was redest du da über *Jesus*? Du bist doch eine Muslima!"

Dina ließ ihren Blick über die übrigen Tische im Kaffeezelt schweifen, überlegte kurz und sagte dann: „Lass uns einen Spaziergang machen, Layla, da können wir uns ungestört unterhalten."

Sie drehten mehrere Runden durch das Flüchtlingslager, und Dina erzählte die dramatische Geschichte von ihrer Bekehrung. Nachdem sie ihr so ihr Herz geöffnet hatte, erzählte sie Layla davon, was Erlösung ist. Die beiden Frauen machten einen Plan, und als ihr Gespräch zu Ende war, war Layla klar, was sie als Nächstes tun musste.

## Bei den Christen

Layla Medina konnte es immer noch nicht glauben, dass sie in eine Kirche ging. Aber sie wollte herausfinden, warum Dina solch eine Freiheit und Freude verspürte – beides Dinge, nach denen Layla sich schon immer gesehnt hatte. Wie konnte Jesus etwas damit zu tun haben? Er war doch nur ein Prophet, oder?

Als Layla und Bishara in Tripoli aus dem Vormittagsbus stiegen, wurden sie von Dina und ihrem Mann Mohammad fröhlich winkend erwartet. Als sie nahe genug gekommen waren, um sich über den Straßenlärm hinweg hören zu können, zeigte Dina auf Mohammad und rief: „Hallo, Layla! Dies ist mein Mann, Mohammad! Der, den ich umbringen wollte!“ Sie lachte laut.

Was für eine Begrüßung! Aber Mohammad stimmte in das Lachen ein, dann lächelte er seine Frau an.

„Hallo, Layla! Ich bin Mohammad, und jawohl, meine Frau hätte jedes Recht gehabt, mich umzubringen nach allem, was ich ihr angetan hatte. Aber Jesus hat uns beide erlöst, und … tja, jetzt sind wir wie zwei frisch Verliebte. Dina hat mir von dir erzählt, und seitdem bete ich für dich. Ich glaube, Gott hat dein Klagen erhört. Jesus will dir helfen und dich erlösen.“

Layla staunte darüber, wie offenherzig die Hadads über das, was hinter ihnen lag, reden – und lachen – konnten.

„Hallo, ihr beiden! Ich muss echt sagen, so eine Begrüßung hab ich noch nie erlebt.“

Dina schüttelte den Kopf. Sie war selbst immer noch erstaunt über ihr neues Leben. So laut, dass andere aussteigende Fahrgäste es mitbekamen, sagte sie: „Entschuldige, Layla, aber wir staunen immer noch, wie mächtig unser Jesus ist! Aber jetzt wollen wir erst mal frühstücken, und dann gehen wir in unsere Kirche, okay?“

Layla legte warnend den Zeigefinger auf ihren Mund. „Nicht so laut! Passt auf, wenn ihr in der Öffentlichkeit über Jesus redet. Ihr kommt doch beide aus bekannten muslimischen Familien in Syrien und im Libanon. Die könnten euch umbringen!“

Dina holte tief Luft, während ein breites Lächeln auf ihr Gesicht trat.

„Du hast ja recht, Layla. Wahrscheinlich sollten wir vorsichtiger sein. Unsere Familien haben eine *Fatwa* ausgesprochen, dass wir unser Leben verwirkt haben. Ein Imam in Aleppo hat das Gleiche getan. Aber als wir unser Leben Jesus gegeben haben, war uns klar, dass wir wahrscheinlich eines Tages für ihn sterben werden. Aber das ist er mehr als wert, Layla!" Sie zog ihre neue Freundin am Arm. „Aber jetzt lass uns gehen!"

Laylas Schock über die Offenheit der Hadads wurde noch übertroffen von ihrem Staunen über all die lächelnden Flüchtlingsgesichter in der Baptistenkirche in Tripoli. Mehrere der Leute kannte sie aus dem Lager Beddawi. Warum, um alles in der Welt, waren sie so fröhlich?

Als sie so dastand und grübelte, trat ein Mann auf sie zu.

„Layla, ich habe von dir gehört! Mein Name ist Rafik, und ich freue mich, dass du gekommen bist. Meine Frau und ich organisieren die Kleider- und Lebensmittelausgabe hier in der Kirche. Dina hat uns ein bisschen über dich erzählt; ich hoffe, das ist dir recht. Es tut mir leid, was du alles mitgemacht hast, aber ich glaube, es wird jetzt bald besser werden."

„Wie kannst du da so sicher sein, Rafik?", gab Layla zurück. Leicht fragend stemmte sie eine Hand in die Hüfte.

Rafik fuhr unbeirrt fort: „Ich habe auch gehört, dass du sagst, was du denkst. Das ist wichtig. Als der Jünger Natanael Jesus das erste Mal sah, hatten seine Freunde ihm erzählt, dass Jesus aus Nazareth kam, worauf Natanel sagte: ‚Was kann aus Nazareth Gutes kommen?' (Johannes 1,46 (NGÜ)). Über Nazareth rissen die Leute damals Witze, aber ich glaube, Jesus mochte diese Bemerkung sogar."

Rafik unterbrach sich, dann zeigte er mit einer ausholenden Geste auf das Gebäude.

„Du kannst hier zu Mittag essen und dich gerne in der Kleiderkammer bedienen und auch was aus den Lebensmittelboxen mitnehmen. Und während du dich umschaust, kann ich gerne auf Bishara aufpassen."

Layla sah Rafik fragend an. „Woher kennst du seinen Namen?"

Rafik beugte sich näher zu ihr. „Meine Frau, Miriam, und ich beten für dich und deine ganze Familie, seit Dina uns gestern von dir erzählt hat." Er sah den Jungen an. „Komm mit, Bishara! Spielst du gerne Fußball?"

Er ging, den Jungen an seiner Hand. Dina nahm Layla am Arm und ging mit ihr in die Kirche hinein.

„Ich weiß, das ist alles neu für dich – ich meine, Menschen mit muslimischen Namen, die jetzt Jesus nachfolgen. Mach dir nichts draus, das passiert gerade überall in der islamischen Welt. Wusstest du das schon, Layla?"

Layla schüttelte den Kopf und rollte die Augen. „Nein, das wusste ich nicht, und ehrlich gesagt, Dina, das klingt völlig verrückt. Warum sollte jemand derart sein Leben riskieren? Das versteh ich nicht!"

„Layla, ich habe die *Wahrheit* gefunden, und anschließend wusste ich, dass ich nie mehr derselbe Mensch sein würde. Das größte Problem für mich war, wie unsere Religion die Frauen sieht. Ich wurde traurig, wenn ich las, was im Koran über uns steht. Aber als ich es dann endlich wagte, die Bibel zu lesen, entdeckte ich, dass Jesus die Frauen *wertschätzt*. Es ist ein Unterschied wie Tag und Nacht. Mein Ehemann, Mohammad, ist der wandelnde Beweis dafür. Hast du schon einmal über das Los der Frauen im Islam nachgedacht?"

Layla versteifte sich unwillkürlich. „Wovon redest du da, Dina? Wir Frauen haben alle Rechte im Islam. Unsere Religion ist das Beste, was uns Frauen je passiert ist."

*Na, da hab ich ja prima gelogen …* Mit übertrieben festem Schritt nahm Layla Kurs auf den Gottesdienstraum. Dina sah ihr mit einem stillen Gebet auf den Lippen hinterher.

Aus dem Gottesdienstraum tönte Gesang. Laylas Schritt wurde noch fester. Plötzlich war sie kampfbereit. Was war denn dieses ganze Christentum? Die nächste falsche Religion! Sie konnte es nicht erwarten, den Leuten das zu sagen. Ein Gottesdienst dieser Christen wäre die perfekte Gelegenheit, Munition zu sammeln, damit sie ihre Mitmenschen besser über diesen jämmerlichen Glauben aufklären konnte.

Doch was sie in diesem Gottesdienst erlebte, war alles andere als jämmerlich. Die Lieder, die Bibellesungen, die Predigt – es war alles Neuland für sie, aber ein Neuland, das ihr vor Kälte erstarrtes Herz merkwürdig warm werden ließ. Noch nie hatte sie Worte der Hoffnung gehört, die so reichlich mit Liebe gewürzt waren.

Layla hatte gelernt, dass die Bibel gefährlich war. Sie war verändert und verfälscht worden, bis nur noch ein Sammelsurium aus Lügen übrig geblieben war. Aber alles, was sie an diesem sonnigen Tag in Tripoli hörte, war Labsal für ihre Ohren. Es war wie ein erfrischendes Glas Wasser, das geradewegs in ihre ausgedörrte Seele floss.

Als der Gottesdienst vorbei war, blieb Layla auf der Holzbank sitzen und starrte minutenlang den roten Vorhang hinter den Musikern an, die ihre Instrumente zusammenpackten. Wie lange hatte sie hier gesessen, seit sie die Kirche betreten hatte? Es mussten über eineinhalb Stunden gewesen sein, und die ganze Zeit hatte sie angespannt dagesessen, fasziniert von dem, was sie da hörte und sah. In der Moschee war es ihr meistens so langweilig, dass sie Mühe hatte, die Augen offen zu halten.

Die Musik, die Predigt, der ganze Geist dieser Kirche, es hatte Layla in der Tiefe ihrer Seele getroffen. Ja, es musste wohl ihre Seele sein, dieser Raum in ihr, in den noch nie jemand eingedrungen war und der jetzt durch das Wort Gottes offengelegt worden war.

Aber waren es wirklich dieser Gottesdienst und die Herzlichkeit der Menschen in dieser Kirche, was ihr das Herz hell gemacht hatte, oder nicht einfach die Tatsache, dass sie ein paar Stunden weg gewesen war von den mürrischen Bewohnern des Lagers? Sie schüttelte ihren Kopf. Nein, das hier war einfach zu schön, um wahr zu sein.

Jetzt kamen Rafik und Miriam zu der Bank, an deren äußerstem Ende Layla gesessen hatte. Noch bevor sie den Mund aufmachen konnten, um sie zu fragen, wie der Gottesdienst ihr gefallen hatte, sagte Layla, die sich jetzt wieder gefasst hatte: „Der Gottesdienst hat mir gar nichts gebracht! Die Lieder habe ich alle nicht verstanden. Und hat dieser Mann über die Bibel gesprochen? Ich hab die ganze Zeit nur ‚Bahnhof' verstanden. Möchtet ihr mal mit mir in die Moschee gehen? Das ist der Himmel auf Erden!"

Ihr Gewissen meldete sich sofort. *Du hast schon wieder gelogen! Wie kannst du so etwas sagen, nachdem du hier gerade so viel Liebe erlebt hast? Dein Herz war doch voll, als dieser Mann über die Bibel sprach!*

Trotz ihrer abweisenden Fassade wäre Layla gerne noch etwas in der Kirche geblieben. Aber es war fünf Uhr nachmittags, und sie und Bishara mussten den Bus zurück nach Beddawi erreichen.

## Bist du eigentlich glücklich als Muslima?

Kaum war sie in ihr Zelt zurückgekehrt, wünschte sich Layla, sie wäre weggeblieben. Drinnen ging Yasser wie ein Tiger hin und her, führte Selbstgespräche und stieß immer wieder irgendwelche Verwünschungen aus.

Wortlos schlüpfte sie in das Zelt und wies Bishara an, in einer Ecke zu spielen. Als sie sich wieder aufrichtete, schlug Yasser sie mitten ins Gesicht.

„Warum musstest du in diese Kirche gehen, Layla? Man hat mir erzählt, du bist mit anderen Flüchtlingen mitgegangen, die in eine Baptistenkirche in Tripoli gehen. Eine Kirche? Das ist *verboten*."

Nach dem überraschenden Schlag rappelte sich Layla mühsam auf und sah ihrem wütenden Mann in die Augen.

„Mein lieber Yasser, du willst wissen, warum ich in eine Kirche gegangen bin und dort mehr Freunde getroffen habe und mehr Leute, die sich um mich kümmern, als in meinem ganzen Leben in einer Moschee?"

Als Antwort schlug Yasser ihr erneut mit der Faust ins Gesicht. Diesmal fiel sie bewusstlos rücklings auf den Lehmboden.

Als sie wieder zu sich kam, war sie allein im Zelt. Dass Yasser nicht mehr da war, machte ihr nichts aus. Aber offenbar hatte er Bishara mitgenommen. Sie ging nach draußen, wo irgendwo ein Imam etwas in ein Megaphon schrie. Er rief die Lagerbewohner auf, für den Islamischen Staat einzustehen.

Eine volle Minute musterte Layla die zusehends größer werdende

Menge. Da – da war er. Sie fühlte sich, als habe ihr gerade jemand in den Magen geboxt. Gleich in der ersten Reihe saß Yasser, auf seinem Schoß Bishara, die kleine Faust in die Luft gereckt. Der Apfel fiel nicht weit vom Stamm. Layla wurde übel.

Von jetzt auf gleich war Yasser wieder ganz der Fundamentalist. Seit der Ankunft im Libanon hatte er seine Religion kein bisschen praktiziert. Es war wohl Laylas Besuch in der Kirche, der seinen Fanatismus wieder entfacht hatte. Der alte Yasser war zurück, und Layla spürte: Ihr Leben war in Gefahr.

Sie ging zurück zu dem Zelt und ließ sich auf die Schlafmatte fallen. Wie war es möglich, dass die erste Hälfte dieses Tages so voller Freude gewesen war und die zweite so schrecklich? Tränen rannen ihre Wangen hinab, während sie langsam einschlief.

*Layla! Ich sehe dich. Ich weiß, dass du Angst hast. Aber ich bin bei dir.*

Es war mitten in der Nacht, als sie die Stimme hörte.

„Wer bist du?"

Layla blieb ganz ruhig, obwohl der geheimnisvolle, aber wunderbare Fremde in ihrem Traum ihr nicht seinen Namen sagte. Aber sein Lächeln war unverkennbar.

*Layla, du weißt, wer ich bin. Du kennst mich. Und vergiss nicht: „Ein Freund handelt immer liebevoll." (Sprüche 17,17 (NGÜ))*

Am nächsten Morgen verließ Layla mit Bishara das Zelt, als Yasser noch fest schlief. Sie musste wissen, was es mit ihrem Traum auf sich hatte, selbst wenn Yasser sie wieder schlagen würde, weil sie allein weggewesen war.

„Bishara, mein Schatz, wir beide fahren heute wieder mit dem Bus. Wir besuchen unsere neuen Freunde."

Der Junge begann zu strahlen und zu hüpfen. Layla kicherte und hüpfte mit in Richtung Bushaltestelle.

In der Kirche hieß Rafik sie mit einer Frage willkommen, die sie schier umwarf.

„Hallo, Layla und Bishara! Ich hoffe, ihr habt gut geschlafen und es geht euch gut." Er unterbrach sich und lächelte. „Als meine Frau gestern Abend diese Frauenbibelstunde in unserem Haus hielt, musste ich an dich denken, Layla. Bist du als Frau im Islam eigentlich glücklich?"

Die Worte trafen sie wie ein Hammerschlag. Jetzt nur nicht einknicken, nur nicht zeigen, was sie wirklich dachte. Layla Medina nahm all ihre Kraft zusammen und sagte in einem möglichst überzeugend klingendem Ton: „Natürlich bin ich glücklich! Unsere Religion ehrt die Frauen. Wir sind wirklich wertgeschätzt."

Sie zwang sich, Rafik selbstbewusst anzulächeln, dann drehte sie sich um und ging. Ihre innere Stimme meldete sich sofort. *Ob Rafik gerade den blauen Fleck gesehen hat, den Yassers Faust hinterlassen hat? Was der Koran über die Frauen sagt, ist furchtbar und entwürdigend! Wenn ich jetzt vor Gericht stünde, würde ich glatt wegen Meineid verurteilt werden. Mein Herz schreit: „Nein! Wie könnte eine Frau je im Islam glücklich sein? Wir werden schlimmer behandelt als Tiere!" Aber ich habe gelogen. Ich habe gesagt: „Natürlich bin ich glücklich, Rafik." Was für eine Lügnerin ich doch bin! Ich bin ja genauso schlimm wie Yasser.*

Die Konfrontation mit Rafik – und mit ihrem eigenen Gewissen – war zu viel für Layla. Niemand sah, wie sie, ohne sich auch nur hingesetzt zu haben, zusammen mit dem Jungen durch die Hintertür der Kirche zurück nach draußen schlich. Niemand sah die Tränen, die über ihr Gesicht strömten.

Eine Stunde später stieg sie mit Bishara wieder aus dem Bus und ging schnurstracks zu ihrem Zelt. Sie nahm das heiligste Buch des Islam in die Hand. Sie würde es noch einmal mit dem Koran versuchen.

## Zurück zur Wahrheit

Mehrere Wochen lang ließ sich Layla nicht mehr in der Kirche blicken. Was für ein Recht hätte sie dazu gehabt? Als Rafik sie mit seiner Frage konfrontiert hatte, hatte sie sich mit einer Lüge herausgewunden. Bestimmt hatte er sie glatt durchschaut.

Und da hatte sie ganz recht. Er hatte sie durchschaut. Aber auch wenn Layla nicht mehr in die Kirche kam – Rafik und Miriam brachten weiter Lebensmittel, Kleider, ja sogar Haushaltsartikel zu Layla und ihrer Familie. Auch Mohammad und Dina kamen oft zu Besuch. Doch seit Yasser wieder Islamist geworden war, kam es jeden Abend zu heftigen Auseinandersetzungen im Zelt der Medinas.

Eines Abends standen Rafik, Miriam, Mohammad und Dina konsterniert draußen vor dem Zelt. Aus dem Zelt drangen furchtbare Schreie. Es war Laylas Stimme. Als Rafik Laylas Namen rief, wurde es drinnen ruhig.

Der Zelteingang öffnete sich. Die vier Besucher traten näher. Layla kam aus dem Zelt. Sie hielt die Hand vor das Gesicht, um die frischen Blessuren zu verdecken, und lächelte schwach. Ihre traurigen Augen sagten alles, und die Besucher weinten innerlich um ihre Freundin.

Yassers Augen verengten sich; sekundenlang starrte er die Eindringlinge an. Sie begriffen die stumme Drohung und traten den Rückzug an. Als sie weggingen, beide Paare Hände haltend und laut betend, rief Layla ihnen hinterher.

„Rafik! Die Antwort auf deine Frage ist *Nein*! Ich bin nicht glücklich als Frau im Islam und werde es nie sein! Danke, dass ihr heute Abend da wart!"

Dina rief zurück: „Layla, wir sind für dich da! ‚Ein Freund handelt immer liebevoll.'"

Layla stand da wie angewurzelt, als sie die Worte hörte, dann verschwand sie wieder hinter der blauen Zeltplane. Die beiden Paare gingen auf die Knie, hielten sich an den Händen und beteten zu Gott, dass er Layla in dieser Nacht beschützen möge.

Am nächsten Morgen warteten Layla und Bishara schon vor der Kirche, bevor das Morgenteam kam, um die Flüchtlinge zu begrüßen. Layla schaute die Straße entlang. Nach ein paar Minuten sah sie, was sie erhofft hatte: Rafik und Miriam, die um die Ecke bogen und gemütlichen Schrittes auf die Kirche zukamen. Layla packte Bisharas Hand und rannte ihnen entgegen.

Als Miriam sie erkannte, rief sie ihnen entgegen: „Ist alles in Ordnung bei euch?"

Layla stoppte keuchend ab, kurz bevor sie das Paar umrannte. „Ja, ja, alles!" Ihr Gesicht leuchtete. „Letzte Nacht hat Jesus mich gerettet."

Und Layla erzählte ihre Geschichte, dort auf dem Bürgersteig in Tripoli.

„Ich habe ihn gesehen. Es war nicht im Schlaf. Er kam in einer Vision.

Nachdem ihr vier dagewesen seid, war Yasser so wütend über euren Besuch, dass er mich bedrohte wie noch nie zuvor. Ich dachte schon, es würde eine lange, schlimme Nacht, aber als Bishara im Bett war, ist Yasser plötzlich weggegangen, auf eine IS-Versammlung.

Ich saß auf dem Boden und dachte darüber nach, wie ich euch angelogen habe, dabei wolltet ihr mir doch nur helfen. Ihr habt genau gewusst, dass ich gelogen habe, und habt mich trotzdem geliebt. Ich fühlte mich euch näher als meiner eigenen Familie. Miriam: Du und Dina, ihr kümmert euch mehr um mich als meine eigenen Schwestern. Ihr *seid* meine Schwestern.

Es ist gefährlich für Christen, ins Lager Beddawi zu kommen, aber ihr kamt trotzdem. Selbst Tripoli ist ein heißer Boden. Auf dem Willkommensschild steht deutlich: ‚The City of Islam.' Das ist kein Ort für Christen, vor allem, wenn sie auch noch offen über Jesus reden.

Als ich endlich allein war, habe ich dann gesagt: ‚Jesus, ich will die Wahrheit wissen. Ich bin die ganzen Lügen satt – die Lügen, die ich anderen erzähle, und die, die meine Religion mir erzählt. Ich will raus aus diesem Leben, ich will neu anfangen. Jesus, bist du Gott?'"

Sekundenlang schaute Layla an den beiden vorbei die Straße entlang, dann fuhr sie fort. „Und dann war in dem Zelt plötzlich ein ganz helles Licht, und *er war da*."

„Wer war da?", fragte Miriam. Gerade kamen auch Dina und Mohammad dazu.

„Na, *Jesus*. Und er sagte mir: ‚Meine Wahrheit lebt in deinen neuen Freunden. Bald wird sie auch in dir leben. Ich bin der Weg, die Wahrheit und das Leben. Niemand kommt zum Vater außer durch mich. Layla, glaubst du das?‘

Ich neigte meinen Kopf bis auf den Boden und antwortete: ‚Ja, Jesus. Ja, das glaube ich!‘

Dann war er wieder weg. Aber das Licht blieb. Als ich da so saß, kamen mehrere Nachbarinnen vorbei und fragten mich, wo ich diese schönen Lampen herhätte.

Als Yasser zurückkam, sah selbst er das himmlische Leuchten auf meinem Gesicht. *Und* das Licht in dem Zelt. Er war perplex und fragte mich: ‚Ist alles in Ordnung, Layla?‘

Ich antwortete ihm: ‚Es ist mir noch nie in meinem Leben besser gegangen.‘ Und den Nachbarinnen sagte ich: ‚Das Licht in unserem Zelt kann man nicht kaufen, das ist nicht aus dieser Welt.‘

Yasser war so geschockt, dass er die ganze Nacht kein Wort sagte. Er schlug mich auch nicht. Selbst er schien zu spüren, dass wir auf heiligem Boden waren.“ Layla schüttelte ihren Kopf. „In meinem ganzen Leben habe ich noch nie so gut geschlafen.“

Sie schaute ihren Zuhörern nacheinander in die Augen und fuhr fort: „Ich bin bereit. Ihr seid meine Familie. Führt mich jetzt bitte zu Jesus. Aber erst muss ich noch etwas tun.“

Layla zog ihren Hidschab aus. Als sie wieder hochschaute, flossen die Tränen.

„Jetzt bin ich bereit für Jesus.“

Dina betete. Alle fünf weinten, während sie betete. Dann hob Layla ihren Kopf, ihr Gesicht strahlend vor Freude.

„Tja, liebe Verwandte, jetzt muss ich nur noch eines machen.“ Sie lächelte über das ganze Gesicht. „Es Yasser sagen.“

## Layla im Interview mit JoAnn

Während eines Mittagessens in der alten Stadt Byblos im Libanon hat Layla JoAnn den Rest ihrer Geschichte erzählt.

**JoAnn:** Layla, ich bin ganz begeistert von deiner Geschichte, wie Jesus zu dir kam. Wie ist es weitergegangen?

**Layla:** Dina und Miriam unterrichten mich im christlichen Glauben. Ich lerne so viel! Ich liebe das Wort Gottes und kann gar nicht mehr ohne sein. Ich verschlinge es jeden Tag. Inzwischen hat auch Bishara sein Leben Jesus gegeben.

**JoAnn:** Und Yasser? Wie hat er reagiert?

**Layla:** Ich bin damals sofort zu ihm gegangen und habe ihm alles erzählt, noch am selben Tag. Ich hatte mit Schlägen gerechnet, aber die sind bis heute nicht gekommen. Er wusste, dass etwas geschehen war, als er mich ohne Hidschab durch das Lager gehen sah.

Yasser hat sich meine Geschichte angehört. Ich bat ihn sogar um Vergebung dafür, wie sehr ich ihn gehasst hatte. Er wusste nicht, was er sagen sollte. Nur Gott konnte es schaffen, Yassers Herz so anzurühren.

Ich habe viel von Dina gelernt und habe um ein Wunder gebetet wie das, was sie in Mohammads Leben sehen durfte. Bis jetzt ist das noch nicht geschehen. Aber die tiefen Dinge, die Gott im Leben eines Menschen tut, passieren oft erst nach viel Gebet.

**JoAnn:** Erzählst du anderen Menschen von deinem Glauben?

**Layla:** Jeden Tag! Dina und ich gehen in die Flüchtlingslager und erzählen den Frauen dort unsere Geschichten. Sie haben Hunger nach Jesus. Mehrere Male waren wir in akuter Lebensgefahr, aber damit müssen wir eben rechnen. Jesus hat uns gesagt, dass die Menschen uns verfolgen werden, und wir sind vorbereitet.

**JoAnn:** Layla, hättest du so etwas wie ein Schlusswort für die Freunde, die deine Geschichte lesen werden?

**Layla:** Ja, das habe ich. Der Bibelvers, der mein Leben bestimmt, ist dieser: „Ihr werdet die Wahrheit erkennen, und die Wahrheit wird euch frei machen." (Johannes 8,32 (NGÜ))

Ich möchte allen Ehefrauen und Müttern Folgendes sagen: Dina erlebte ein Wunder bei Mohammad und dann in ihrem eigenen Leben. Ich habe ein Wunder in meinem Leben erlebt, und jetzt warte ich darauf, dass Jesus auch Yasser die Augen und das Herz öffnet. Ich weiß: Das Wunder wird kommen.

Gebt nicht auf, Frauen Gottes! Wenn euer Mann Christus braucht oder eines eurer Kinder, dann hört nicht auf zu beten.

Jesus hat mir die Wahrheit gezeigt. Er *ist* die Wahrheit. Ist es euch so wichtig, dass Jesus in das Leben eurer Lieben hineinkommt, dass ihr bereit seid zu beten, zu fasten und vor Gott zu treten, jeden Tag? Ich tue dies in meinem Zelt. Betet mit mir für unsere Familien!

Jesus hat Berge in meinem Leben versetzt. Er wird das auch in eurem Leben tun.

Jesus rettet Seelen in Tripoli. Die Leute sind den Krieg und all das Töten herzlich leid. Vor Kurzem haben die Stadtoberen das Schild „The City of Islam" entfernt und ein anderes aufgestellt: „The City of Peace".

Vergesst es nie: Jesus ist die Wahrheit. Er ist der Einzige, der uns frei machen kann. Ich selbst bin der wandelnde Beweis dafür.

Und, meine lieben Verwandten im Westen: Eure Schwester Layla im Lager Beddawi in Tripoli (Libanon) betet für euch. Ich liebe euch von Herzen in Christus.

In der Vergangenheit hat Gott gnädig über die Verfehlungen hinweggesehen, die die Menschen in ihrer Unwissenheit begangen haben. Doch jetzt fordert er alle Menschen an allen Orten zur Umkehr auf.
Apostelgeschichte 17,30 (NGÜ)

# Kapitel 5

## Keine Hoffnung – bis Jesus kam

Der Riegel klickte laut in der schweren Metalltür. Vorhänge wurden zugezogen. Eine nach der anderen huschten Frauen in tristen Hidschabs durch den Seiteneingang in den Raum.

Sie umarmten und küssten sich voller Freude. Ein kurzes Zählen, ob alle da waren, dann das Schnappen der Vorhängeschlösser an der Tür, durch die sie hereingekommen waren. Man verdunkelte die Lampen. Die wöchentliche Bibelstunde für ehemalige Muslimas konnte beginnen. In dieser Stadt – einer Hochburg des Fundamentalismus, bekannt für ihre Ehrenmorde – konnte es gar nicht genügend Sicherheitsvorkehrungen geben.

Etwa ein Dutzend Frauen nahm auf den Stühlen Platz. Alle waren aufgeregt, denn heute Abend war ein ganz besonderer Gast da. Naima, die Leiterin der Gruppe, bat die Frauen lächelnd, sich der Besucherin aus Amerika namens JoAnn vorzustellen.

Als ich an der Reihe war mit dem Vorstellen, fragte ich die Frauen, ob es in Ordnung wäre, wenn sie ihre Hidschabs abnähmen. Vorsichtig begannen sie, ihre Kopfbedeckungen auseinanderzuwickeln, und ich musste an mich halten, nicht den Mund offenstehen zu lassen angesichts der Schönheit, die sich da vor meinen Augen entfaltete. Jetzt, wo ich ihre Gesichter richtig sehen konnte, strahlte ihr Lächeln noch mehr.

Ich fragte, ob sie uns ihre Geschichten erzählen konnten. Ich wusste, dass jede von ihnen mehr mitgemacht hatte im Leben, als ich mir vorstellen konnte. Es zeigte sich, dass ich mich nicht getäuscht hatte. An diesem Abend erfuhr ich von mehr Wundern Jesu, als ich sonst jemals während eines einzigen Treffens gehört hatte. Als Erste berichtete Jamila; Naima übersetzte.

## Jamila: Vom Tod zum Leben

Mein Schicksal war besiegelt. Es war zu spät. Vor mir lag der Tod, und ich konnte nichts daran ändern. Selbst wenn ich mich hätte bewegen können, hätte das nichts genutzt.

Schon bald würde ich diese Welt und Deir ez-Zor in Syrien verlassen, wie schon so viele in unserem elenden Krieg. Aber mein Todesurteil kam nicht vom Islamischen Staat, sondern von Dr. Basil Hussein, einem der angesehensten Neurologen in Syrien. Er erklärte meiner Familie gerade das Unausweichliche, das auf sie zukam.

„Liebe Familie Darwish, es tut mir leid, Ihnen das mitteilen zu müssen, aber bei Jamila ist eine Ader geplatzt, was zu einem schweren Schlaganfall geführt hat. Wenn sie rechtzeitig ihre Blutdruckmedikamente bekommen hätte …“ Der Arzt klang resigniert.

„Ich weiß natürlich, dass Medikamente und Rezepte rar sind und für die meisten Menschen zu teuer, aber dies hier wäre vermeidbar gewesen.“ Seine Stimme wurde traurig. „Aber gut, vielleicht zurzeit nicht in Deir ez-Zor.

Jamila ist rechtsseitig gelähmt, und ich sehe nicht, wie sie aus diesem Koma wieder aufwachen soll. Ihre Vitalwerte schwanken sehr stark. Ich schätze, sie hat noch einen oder zwei Tage – so Allah nicht eingreift, natürlich. Entschuldigen Sie, wenn ich das sage, aber ich glaube, es ist Zeit, ihre Beerdigung zu planen.“

Was niemand in meinem Krankenhauszimmer wusste, war, dass ich jedes Wort des Doktors deutlich mitbekommen hatte. Meine Mutter und meine Schwestern brachen neben meinem Bett in Tränen aus.

Ich konnte nicht sprechen und mich nicht bewegen. In meinem Gehirn eingesperrt, weinte ich innerlich über meine hoffnungslose Situation. Die Isolation wollte mich erdrücken. Doch dann, urplötzlich, war ich nicht mehr allein. Ein gleißendes Licht durchflutete das Zimmer, und am Fußende meines Bettes stand ein Mann.

Er lächelte mich an und nannte meinen Namen. *Jamila, ich bin Jesus! Ich habe gehört, dass du mich suchst.*

Das hätte ich mir in meinen wildesten Träumen nicht vorstellen können. In meinem Krankenzimmer stand Jesus. Obwohl ich eine praktizierende Muslima war, wusste ich genau, wer er war. Jesus kommt im Koran vor. Und ich hatte auch gehört, dass er während des Krieges in Syrien schon etlichen Menschen auf wunderbare Weise erschienen war.

Ich erinnerte mich noch gut, wie ich mir während einer sehr schweren Zeit einmal gewünscht hatte, Jesus würde mich besuchen. Es gab überall so viel Hass, aber Jesus – so hatte ich gehört – liebte die Menschen. Und Liebe war etwas, was wir in Syrien gut gebrauchen konnten.

Er schien gewusst zu haben, dass ich mich nach ihm sehnte, denn er fuhr fort: *Jamila, ich kenne deine Sehnsucht nach mir. Ich habe dein Rufen gehört. Hier bin ich. Ich bin gekommen, um dich zu heilen, zu meiner Ehre.*

War das hier wirklich? Oder war es eine Halluzination aufgrund meiner Medikamente? Oder einfach ein verrückter Traum? Aber dann … berührte Jesus meine rechte Hand – meine gelähmte Hand –, und in einem Augenblick fuhr eine warme Welle durch meinen ganzen Körper.

Ich hörte, wie meine Mutter japste: „Dr. Hussein! Jamilas Hand hat sich gerade bewegt! Haben Sie das gesehen?"

Dann hörte ich, wie sie von ihrem Stuhl, der neben meinem Bett stand, aufsprang.

Dr. Hussein trat an das Bett und beugte sich über mich. Zusammen mit meinen Verwandten prüfte er, ob ich mich bewegte. Er klang skeptisch.

„Also, ich habe nichts gesehen. Sind Sie ganz sicher, Frau Darwish?"

Ich hörte, wie die Krankenschwestern Knöpfe drückten, Monitore prüften. Dr. Hussein erklärte meinen Verwandten gerade, dass die Zahlen auf den Bildschirmen nichts anzeigten, was auf eine Besserung hindeutete, als ich plötzlich den Wunsch verspürte, Jesus anzufassen. Meine rechte Hand ging anbetend in die Höhe, und Jesus, der immer noch am Fußende des Bettes stand, lächelte mich liebevoll an.

Ich hörte spitze Schreie, dann einen satten Plumps, als meine Mutter ohnmächtig umfiel.

Dann Dr. Husseins Stimme, der durch das Chaos rief: „Will sie jemanden an der Hand nehmen?"

Da hatte er völlig recht! Ich wollte so gerne Jesus berühren, wie die Frau mit den Blutungen in der Bibel, die den Saum von Jesu Gewand anfasste.

Ich weiß, dass Jesus mich augenblicklich komplett hätte heilen können; die Macht dazu hat er. Aber dann hätten meine Verwandten vielleicht gedacht, dass ich aus dem Koma erwacht war und dass Dr. Husseins Diagnose falsch gewesen wäre.

Und so heilte Jesus mich im Laufe der nächsten Tage nach und nach, wobei er jedes Mal einen anderen Teil meines Körpers berührte.

Nach meiner rechten Hand kam mein rechtes Bein an die Reihe. Am nächsten Morgen kam Jesus wieder in einer Vision zu mir und berührte mit einem Finger mein Knie. Die Lähmung war augenblicklich verschwunden.

Am folgenden Tag wurden mein Nacken und die Schultern wieder voll beweglich. Meine Gesichtsmuskeln begannen zu arbeiten, aber meine Augen wollten sich noch nicht öffnen und ich konnte nach wie vor nicht sprechen.

Doch dann, wieder einen Tag später, öffneten sich meine Augen und mein Mund, vor den Augen meiner ganzen Familie. Ich schaute nach oben zur Zimmerdecke hoch, während Jesus langsam aus dem Zimmer verschwand.

Das Erste, was mein Vater stammelte, war: *„Allahu akbar! Allahu ak-*

*bar!“ (Allah ist gross!)* Aber meine ersten Worte waren: „Jesus, Jesus, geh nicht weg! Ich liebe dich.“

Mit einem Schlag wurde es totenstill im Zimmer. *Was* hatte ich da gesagt? Meine schockierten Verwandten begriffen die Worte nicht, die immer noch in der Luft hingen.

Dann … *rumms!* Eine gewaltige Explosion draußen auf der Straße beendete die Schockstarre.

In Deir ez-Zor hält der Friede nie lange an. Selbst nach dem großen Wunder, das ich da erlebt hatte, meldete der Krieg sich brutal zurück. Die Ölfelder und die großen Anlagen des Ölkonzerns Conoco entlang des Euphrat haben Deir ez-Zor zur begehrtesten Stadt in Ostsyrien gemacht. Iran, Russland, Amerika – alle internationalen Großmächte sind da.

Zur dunklen Geschichte unserer Stadt gehört unter anderem der Völkermord der Türken an den Armeniern 1915, der den Triumph des Islam über das Christentum demonstrieren sollte. Zur Zeit meiner Heilung war die Stadt eine Bastion des Islamischen Staates, der sich als neuer Vorkämpfer des Islam profilieren wollte. Chaos, Tod und Durcheinander prägten den Alltag in Deir ez-Zor.

Nachdem Jesus mich geheilt hatte, wurde der Krieg schlimmer, und meine Familie floh aus Syrien. Im Prinzip konnten wir entweder nach Norden in die Türkei gehen oder Richtung Süden nach Jordanien. Da die Nordgrenze von Syrien aufgrund der türkischen Offensive gegen die Kurden praktisch unpassierbar war, wandten wir uns nach Süden.

Die Straßen von Jerash in Jordanien sahen nicht viel anders aus als die von Deir ez-Zor. Flüchtlinge sind ohne Beschäftigung; selbst viele der Männer hatten keine Arbeit, der sie hätten nachgehen können. Aber ich war auf einer Mission: Ich wollte Jesus finden, wie auch immer.

An wen konnte ich mich wenden, um mehr über den Mann zu erfahren, der mich geheilt hatte? Mir war klar, dass ich mit niemandem offen reden konnte, wenn meine Verwandten dabei waren. Sie sprachen oft über meine wunderbare Heilung, aber sie schrieben sie Allah zu, nicht Jesus. Nur ich kannte die Wahrheit.

Dann sah ich eines Tages auf dem Markt eine Frau, die ein Kreuz an einer Halskette trug. In Deir ez-Zor konnte einen so etwas das Leben kosten, aber Jordanien schien etwas toleranter zu sein.

Ich folgte der Frau, während ich mir überlegte, wie ich sie ansprechen sollte. Als sie an einem Gemüsestand anhielt, um sich ein paar Gurken auszusuchen, nahm ich all meinen Mut zusammen. Jetzt oder nie.

„Jesus hat meine Lähmung geheilt, als ich im Koma lag", platzte ich heraus.

Ich konnte sehen, dass die Frau sich erschreckt hatte. Bestimmt dachte sie etwas wie: *Was ist denn das für eine Frau mit Burka, die von Jesus anfängt?*

Ich fuhr fort: „Wissen Sie, wo ich mehr über Jesus erfahren kann? Ich bin eine Muslima und habe bestimmt eine Menge zu lernen. – Ach ja, ich heiße Jamila. Wie heißen Sie?"

Die Frau musterte mich einen Augenblick, dann sagte sie, dass sie Maria heiße. Jesus hätte mir niemand Passenderes über den Weg schicken können!

Meiner abrupten, ungeschickten Art, mich vorzustellen zum Trotz war Maria die Herzlichkeit in Person. In den nächsten Wochen trafen wir uns wiederholt zu einer Tasse Tee und wurden gute Freundinnen. Ich stellte Maria alle Fragen über Jesus, die mir einfielen. Ich war zwar bereits fest davon überzeugt, dass Jesus allmächtig und der Erlöser der Welt war, aber ich musste doch wissen, wie das wäre, in einer entschieden muslimischen Familie eine Nachfolgerin Jesu zu werden.

Als Maria mir erklärte, dass Gott mich geschickt hatte, um meine Familie zu erreichen, war ich bereit und vertraute mein Leben Jesus an. Es war ein Tag, den ich nie vergessen werde!

Es ist so wunderbar – Maria hatte recht. Nach und nach kamen alle meine Verwandten – auch mein Vater – zum Glauben an Jesus Christus. Was für ein Wunder! Es geschieht selten, dass in einer muslimischen Familie fundamentalistischer Prägung alle Christen werden.

Was ich da erleben durfte, war ein Vorrecht und ein Segen. Das hätte ich mir nie vorstellen können. Jesus benutzte das Wunder meiner Heilung, um die Herzen meiner Verwandten zu öffnen.

Nicht, dass es einfach gewesen wäre. Es dauerte lange, und es war ein einziger geistlicher Kampf, aber heute gehören meine Mutter, mein Vater und meine Geschwister alle zur Familie Gottes. Wir sind eine muslimische Familie aus Deir ez-Zor, die Jesus liebt!

Meine Heilung war der Schlüssel. Wie konnten meine Lieben leugnen, was sie mit eigenen Augen gesehen hatten? Wie konnten sie die Verwandlung leugnen, die in meinem Leben geschehen war? Früher war ich negativ und bissig gewesen, aber heute bin ich von der Liebe Gottes erfüllt.

Ich ließ Jamilas Geschichte auf mich wirken. Die Frauen begannen, Jesuslieder zu singen, und ich las ihnen aus der Bibel vor. Danach beteten wir für Jamila und ihre Lieben. Sie sind jetzt an Jesus gläubig, aber sie sind immer noch Flüchtlinge, und viele Jordanier begegnen den syrischen Flüchtlingen, die seit Jahren ins Land strömen, mit Verachtung und Ablehnung. Man kann diese äußeren Lebensumstände kaum glauben, wenn man die Freude in Jamilas Gesicht sieht.

Nachdem wir für Jamila gebetet hatten, schaute ich eine andere Frau an.

„Heba, möchtest du uns deine Geschichte erzählen?“

## Heba: Vom Licht angezogen

Angefangen hat es mit meinem gutherzigen Sohn.

„Mama“, fragte er mich eines Abends, „warum leuchtet das Haus da so? Können wir da mal reingehen und nachgucken?“

Ali war gerade sechs Jahre alt. Ich hatte keine Lust, seine Frage zu beantworten. Das „Haus" war eine Kirche, und in eine Kirche zu gehen, nein, so etwas würde ich im Leben nicht riskieren.

Aber da war ein Problem. Die Kirche stand in dem Viertel, wo wir als Flüchtlinge wohnten. Sie stand außerdem an der Hauptstraße, man *musste* also an ihr vorbeigehen. Und das Schlimmste war, dass Ali jedes Mal, wenn wir vorbeigingen, dieses helle Licht sah. *Ich* sah es nicht, aber Ali sagte mir immer wieder, dass die Kirche von innen her leuchte und sooo schön sei. Wieder und wieder bettelte er darum, hineingehen zu dürfen, um sich alles genauer anzusehen.

Eine ganze Weile ging das so, dann hatte ich genug.

„Ali", sagte ich, „wir sind *Muslime*, und dieses Haus ist eine Kirche der *Christen!* In Kirchen gehen wir nicht, das ist verboten! Um nichts in der Welt möchte ich dort drinnen gesehen werden! Ich will das nie mehr hören!"

Ich sagte Ali nicht, dass meine größte Angst sein Vater war. Denn was würde Hassan denken, wenn er wüsste, was für Gespräche ich da mit seinem Liebling führte?

Ali ist das Ein und Alles seines Vaters. Als glühender sunnitischer Muslim träumte Hassan davon, dass Ali einmal Imam werden würde. Wir hatten aus Syrien flüchten müssen, weil mein Ehemann ein solcher Fanatiker war. Er war ein Todfeind der alawitischen Regierung, und wenn wir geblieben wären, wäre ich bestimmt eine Witwe geworden.

Ich muss gestehen, dass die Aussicht, Witwe zu werden, durchaus ihren Charme hatte. Mein Mann war unglaublich hart zu mir; dass er mir Liebe zeigte, hatte Seltenheitswert.

Meine Weigerung, die Kirche zu besuchen, aus der das Licht kam, beeindruckte meinen lieben kleinen Sohn nicht. Er bettelte und bettelte.

Das ging einen weiteren Monat so, bis Ali eines Tages, als wir wieder die Straße entlanggingen, meine Hand abrupt losließ und davonrannte. O nein … Ich wusste genau, wo er hinwollte, aber ich konnte ihn nicht einholen.

Als ich zur Eingangstür der Kirche kam, hörte ich, wie drinnen die Christen sangen. Vorsichtig trat ich ein und schaute mich um. Wo war Ali? Er musste sich irgendwo unter die Leute gemischt haben, wo ich ihn nicht sehen konnte; er war ja so klein. Trotzdem versuchte ich weiter, ihn von der Tür aus zu erspähen.

Nach ein paar Minuten gab ich die erfolglose Suche auf. Die Lieder und Texte hüllten mich mittlerweile ein. Sie zogen mein Herz an wie das Licht die Motte. Das hier klang wie der Himmel. Meine Füße klebten am Boden, kurz hinter der Tür, und unwillkürlich öffnete sich mein Mund.

Mein Staunen muss wohl sichtbar gewesen sein, denn eine Frau trat zu mir und sagte: „Sie dürfen sich gerne zu mir setzen!"

Ich ging mit ihr und setzte mich neben sie.

Ich saß da wie festgewachsen und hörte zu.

Nach mehreren Liedern spürte ich plötzlich eine Hand auf meiner Schulter. Ich drehte mich um und sah Ali neben mir stehen. Er grinste breit über beide Ohren. Ich drückte ihn an mich und sagte ihm, wie froh ich war, dass er in diese Kirche gerannt war, die so randvoll von Liebe war.

Ich hätte den ganzen Tag hierbleiben können, aber nach einer halben Stunde stand vorne ein Pastor auf und öffnete seine Bibel, wie er sagte. Bibel? Die hatten die Christen doch immer wieder umgeschrieben und verfälscht! Nein, diesen Mann wollte ich mir lieber nicht anhören.

Ängstlich legte ich meinen rechten Arm um Ali und sagte ihm, dass es Zeit war, wieder zu gehen. Ich dankte der Dame, die mir den Platz neben sich angeboten hatte, und bevor ich aufstehen konnte, hatte sie mich schon auf beide Wangen geküsst. Ich rannte mit Ali zur Tür hinaus.

Die Lieder, die ich an diesem Tag gehört hatte, bewegten mein Herz. In mir war die Sehnsucht erwacht, Gott kennenzulernen. Ich wollte ihn auch so lieben können wie diese Christen in der leuchtenden Kirche. Was sie da über Jesus gesungen hatten, hallte in meinem

Kopf wider: „Name über alle Namen, Jesus …“ Sie nannten ihn den *Schönsten*, den *Erlöser*, den *Gesegneten*, das *lebendige Wort*.

Auf dem Nachhauseweg sagte Ali: „Ich kann’s nicht erwarten, Papa von den Liedern zu erzählen! So viel hast du noch nie gelächelt, Mama!“

Alis Begeisterung war genau der Grund, warum ich mich geweigert hatte, auch nur in die Kirche hineinzuschauen. Wenn Ali seinem Vater auch nur ein Wort von unserem Besuch sagte, würde ich einen furchtbaren Preis dafür zahlen. Nicht auszudenken, was Ali und mir passieren würde, wenn Hassan von unserem Gottesdienstbesuch hörte.

„Ali“, sagte ich leise, „das machen wir später – das dem Papa erzählen. Jetzt ist das erst mal ein Geheimnis, das nur wir beide kennen, okay?“

Am nächsten Sonntagabend machten Ali und ich einen Spaziergang. Wir waren kaum aus unserer Wohnung hinaus, als Ali fragte, ob wir wieder in die Kirche gehen könnten. Eigentlich war genau das auch mein geheimer Wunsch, und so dachte ich: *Na gut, vielleicht reichen diesmal ja ein paar Minuten* … Draußen war es schon dunkel, und es war keine Kunst, einen kurzen Abstecher in die Kirche zu machen und danach weiter zu dem Markt am Ende der Straße zu gehen. Hassan bräuchte nie davon zu erfahren.

„Mama, heute Abend ist das Licht von der Kirche besonders hell! Diesmal siehst du es, nicht wahr?“

*Musste* Ali das so laut sagen? Gerade in dem Augenblick, wo wir an der Moschee vorbeigingen?

„*Mein Junge*“, flüsterte ich zurück, „ich sehe kein Licht. Ich wünschte, ich könnte das auch sehen, was du siehst, aber vielleicht hat Gott dir besondere Augen gegeben für … für dieses Wunderlicht. Das kann kein normales Licht sein.“

Wir gingen weiter. Ich nahm meinen Mut zusammen und sagte: „Ali, wir gehen für ein paar Minuten da rein, aber du musst unser Geheimnis für dich behalten. Wir dürfen das dem Papa nicht sagen. Versprichst du mir das?“

Richtig feierlich antwortete er: „Ja, ich verspreche es. Ich glaube, Papa ist noch nicht soweit dafür. Vielleicht würde er böse werden."

Nanu, verstand der Junge vielleicht mehr, als ich ihm zutraute?

Ohne dass ich ihn gefragt hätte, fuhr er fort: „Ich hab mal gehört, wie Papa über die Christen sprach. Er hat gesagt, er hasst sie. Er war mit ein paar Männern zusammen, und die haben gesagt, alle Probleme im Nahen Osten kommen nur von den Christen. Ist das wahr? Weil – die Leute in dem leuchtenden Haus kamen mir lieber vor als die Leute in der Moschee. In der Kirche war keiner knurrig oder ärgerlich. Hast du das auch gemerkt?"

„Doch, Ali", sagte ich. „Sie haben alle gelächelt, nicht wahr? Aber wir müssen aufpassen, wenn wir darüber reden. Psst!"

Zuerst war ich enttäuscht, dass die Menschen in der Kirche nicht sangen, als wir hineingingen. Doch vorne stand ein Mann, der Osama hieß, und redete über das Buch Jesaja und das Buch Johannes. Ich hatte gar nicht gewusst, dass es so viele Bücher in der christlichen Bibel gab. Ein paar Minuten, und alles, was man mir bisher über die Bibel erzählt hatte, schien ganz weit weg zu sein.

Was Osama da sagte, hatte ich noch nie gehört. Der Eispanzer meines Herzens schmolz in der Sonne seiner Predigt. Die Leute, die in meiner Nähe saßen, müssten eigentlich mein großes Staunen bemerkt haben.

Gerade als Heba so weit gekommen war mit ihrer Geschichte, öffnete sich die Tür zu einem Nebenraum. Pastor Osama trat in unseren Saal. Würden die Frauen jetzt wieder ihre Hidschabs um ihre Köpfe wickeln, weil ja jetzt ein Mann im Raum war? Aber nein, sie lächelten und begrüßten Osama ganz herzlich. Gern machte er da weiter, wo Heba kurz zuvor aufgehört hatte. Er berichtete uns, wie er damals diesen Abend in der Kirche erlebt hatte.

## Pastor Osamas Predigt

Aus dem Augenwinkel heraus sah ich, wie Heba in den Gottesdienst kam. Im gleichen Augenblick hob meine Frau die Augenbrauen und zeigte mit dem Kopf auf die Tür. Das war das vereinbarte Signal.

Es war nicht schwer, dich auszumachen mit deiner schwarzen Abaya und dem fest um den Kopf gewickelten Hidschab. Ich baute meine Predigt sofort um. Ich hatte über die Johannesoffenbarung gesprochen; jetzt ging ich mit ein paar Sätzen über zu einer Auslegung des Evangeliums; ich begann mit Jesaja 61 und endete mit dem Johannesevangelium. Ich spürte richtig, wie wichtig es euch beiden war – dir und deinem Sohn –, heute hier zu sein. Ich weiß noch, wie es dich kaum auf dem Stuhl hielt, während Ali mich unverwandt ansah und aufmerksam zuhörte.

Ungefähr das sagte ich damals wohl:

> Er ist gekommen, um den Elenden die frohe Botschaft zu bringen. Er ist gekommen, um die zu trösten, die gebrochene Herzen haben. Er ist gekommen, um den Gefangenen Freiheit zu bringen. Er ist gekommen, um alle Trauernden zu trösten. Er ist gekommen, um dich mit Schönheit zu krönen anstatt mit Asche. Öl der Freude anstatt Trauer. Er ist gekommen, um dir ein Festtagskleid des Lobpreises zu bringen statt eines verzagten Geistes. Er ist gekommen, um dich freizumachen. Er ist gekommen, um dir Leben zu geben! Komm zu Jesus, und alles wird anders werden. Du wirst dein Leben noch einmal beginnen können, du wirst von Neuem geboren werden.

Dreißig Minuten lang predigte ich nur für Heba und ihren kleinen Ali. Alle anderen in diesem Gottesdienst waren ja schon gläubig. Ich sehe Heba heute noch vor mir, wie sie bei allem, was ich sagte, nickte. Und ich spürte die gespannte Erwartung in dem Saal, denn hier saß mitten unter uns diese streng muslimisch gekleidete Frau, die so offensichtlich der Erlösung nahe war. Man konnte es ihr vom Gesicht ablesen, dass das Wort Gottes sie tief berührte und ihr Herz zum Herzen Gottes hinzog.

Es heißt bei uns oft, dass Muslime das Evangelium mehrere Male hören müssen, bevor sie bereit dazu sind, sich Christus anzuvertrauen. Aber muss das wirklich so sein? Gottes Wort hat eine göttliche Macht. Es ist lebendig und kräftig und dringt durch bis ins Innerste der Seele. Allein der Name Jesus kann ausreichen, um verschlossene Herzen zu öffnen.

Ich war früher selbst ein Muslim, aber beim allerersten Mal, als ich eine Predigt über die Bibel hörte, wusste ich sofort, dass dies die Wahrheit war. Der Geist Gottes machte mir das klar.

Und so schloss ich meine Predigt mit folgenden Sätzen: „Wir wollen beten. Aber bevor wir das tun: Ist hier vielleicht jemand, der sich so wie ein Gefangener fühlt, wie Jesaja ihn beschrieben hat? Möchtest du frei werden? Jesus möchte deine Sünden vergeben. Mach reinen Tisch mit Jesus, komm zu seinem Kreuz, hier heute Abend. Wer ist hier, der sich nach Vergebung und Freiheit sehnt?"

„Ich!", rief Heba. Ich glaube, sie war selbst erschrocken, wie laut sie es rief.

„Heba, erinnerst du dich noch, wie es damals weiterging?", fragte Pastor Osama lächelnd.

## Heba berichtet weiter

Und ob ich mich erinnere! Zunächst einmal: Ich konnte selbst kaum glauben, dass ich das gerufen hatte. Waren diese Worte wirklich aus *meinem* Mund gekommen?

Dann zerriss eine schrille Lautsprecherstimme die Stille. Es war der muslimische Gebetsruf von der Moschee nebenan.

Ich habe mich ernsthaft gefragt, ob die Muslime Spione in dieser Kirche hatten, die ihnen signalisierten, wann das Übergabegebet begann. Dieses „Timing“ konnte doch wohl kein Zufall sein? Heute schrie der Muezzin irgendwie lauter als je zuvor, und einen Augenblick lang hatte ich Angst. Hatten sie herausbekommen, dass gerade zwei Muslime in der Kirche waren?

Doch das konnte den Geist Gottes nicht stoppen. Und auch nicht mein Verlangen, Jesus als meinen Erlöser anzunehmen. Denn genau das tat ich an diesem Abend.

Ich dachte, dass ich meinem fundamentalistischen Ehemann wohl besser nichts von meinem neuen Leben als Christin erzählen sollte. Deshalb warf ich mich weiterhin jedes Mal zu Boden, wenn draußen der Gebetsruf ertönte, um zu beten … aber ich betete zu Jesus und nicht zu Allah. Zu meiner Schande muss ich gestehen, dass ich dies mindestens einen Monat lang so machte.

Dann las Naima eines Tages in der Bibelstunde einen Satz des Apostels Paulus aus dem Römerbrief vor: „Denn ich schäme mich nicht für die gute Botschaft von Christus.“ (Römer 1,16 (NLB))

Dieser Satz ging mir so ans Herz, dass ich weinte. Hatte ich Angst vor meinem Mann, oder schämte ich mich für das Evangelium? Oder war es beides?

Was machte ich denn da zu Hause? Ich spielte Hassan etwas vor, tat so, als sei ich weiter eine Muslima. Was musste Jesus von mir denken? Wie sehr musste er von mir enttäuscht sein? Und was für ein Vorbild war ich für Ali?

Das musste anders werden! Und beim nächsten Mal, als der Gebetsruf vom Minarett der Moschee kam, weigerte ich mich, mich niederzuwerfen. Hassan brüllte mich an, dann schlug er mich. Aber ich blieb standhaft.

Das wiederholte sich von nun an bei jedem Gebetsruf, also fünf Mal am Tag. Nach einer Weile hatte der kleine Ali es satt und versuchte, seine Mutter zu verteidigen. Das war ein Fehler, den er nicht noch einmal machen würde; Hassan ließ seine ganze Wut an unserem Jungen aus.

Es schaudert mich heute noch, wenn ich an Alis blaue Flecken und

Schwellungen denke. Durch Gottes Gnade blieben sein Nasenbein und seine Wangenknochen heil, als Hassans Faust in sein Gesicht krachte.

Ich hatte die Hölle zu Hause. Aber meine Schwestern in Christus waren ein Geschenk des Himmels. Sie trösteten mich jedes Mal, wenn ich grün und blau geschlagen in die nächste Bibelstunde kam. Wir hielten zusammen wie Pech und Schwefel, denn auch sie hatten es nicht leicht und auch ihr Leben war manchmal in Gefahr.

Dalia zum Beispiel überlebte die Ehe mit einem Imam. Er bedrohte sie und schlug sie ständig, aber nie verlor sie ihre Freude in Christus.

Rima musste erleben, wie ihr eigener Sohn das Haus, das der Familie gehörte, an sich riss und sie hinauswarf. Aber sie blieb Jesus treu und vertraute darauf, dass er für sie sorgen würde.

Das Band, das uns zusammenhielt, war stärker als alles, was ich je erlebt hatte. Wir beteten zusammen, lasen die Bibel und tauschten uns über unsere tiefsten Ängste und Kämpfe aus. Und wir ermahnten einander, so zu leben wie Jesus Christus und sein Wort zu befolgen.

Beim Apostel Jakobus lernten wir, Frauen zu sein, die Täter des Wortes Gottes sind und nicht bloße Hörer. Es ist schwer, furchtbar schwer, in einer muslimischen Familie seinen Glauben an Jesus auszuleben, aber in seiner Kraft ist es nicht unmöglich.

Ich merkte, dass mein Glaube auf dem Prüfstand war. Würde Jesus mich beschützen oder nicht?

Hassan drangsalierte mich weiter, aber schließlich hörten die Schläge beim Ruf des Muezzins auf.

Einige meiner Freundinnen konnten ihre Bibel zu Hause verstecken, sodass sie dann, wenn die Luft rein war (also der prügelnde Ehemann oder der argwöhnische Sohn oder andere männliche Verwandte nicht in der Nähe waren), in dem kostbaren Wort des Lebens lesen konnten. Doch andere konnten es sich nicht leisten, eine Bibel zu Hause zu haben. Meine Wohnung bestand aus einem einzigen Raum, der als Wohn- und Schlafzimmer diente; an der einen Wand war eine

Kochgelegenheit. Hier konnte man nirgends Wertsachen verstecken, geschweige denn ein verbotenes Exemplar der Bibel.

Ich machte aus der Not eine Tugend und lernte so viele Bibelverse auswendig, wie ich konnte. Wenn ich Gottes Wort nicht in meiner Wohnung verstecken konnte, würde ich es in meinem Herzen verstecken. So hatte ich es immer bei mir und konnte jedem, der sie brauchte, die Botschaft von Jesus weitergeben.

Mein Gehirn schien jeden Vers aufzusaugen wie ein Schwamm. Es war, als ob der Heilige Geist die Fähigkeiten meines Gedächtnisses vervielfachte. Ganze Kapitel der Bibel lernte ich auswendig, einfach so. Bald war mir das Auswendiglernen des Wortes Gottes wichtiger als meine täglichen Mahlzeiten.

Meine zweite Leidenschaft war, dass ich Alis Bibellehrerin wurde. Er nahm alles begierig auf, was ich ihm über Jesus sagte. Bald konnte auch er bei passender Gelegenheit diverse Bibelstellen zitieren, um anderen Mut zuzusprechen.

Jetzt ist es mein größtes Gebetsanliegen, dass auch Hassan Jesus als seinen Erlöser kennenlernt.

So erzählte jede der Frauen ihre Geschichte, und jede Geschichte endete mit dem leidenschaftlichen Aufruf um Fürbitte. Es waren überaus ernste Gebetsanliegen, bei denen es oft um Leben oder Tod ging.

Die Stadt, in der diese Frauen leben, ist berüchtigt für die unfassbar hohe Zahl an Ehrenmorden. Polizei und Regierung interessiert es nicht, wenn wieder einmal ein konvertierter Christ mit muslimischem Hintergrund ermordet wird. Diese brutalen Hinrichtungen werden als das Naturrecht muslimischer Familien betrachtet.

Ich kam ins Grübeln. Wie konnte ich – eine Christin aus Amerika, einem freien Land – diese lieben Schwestern in Christus in ihrem Glauben ermutigen? Was konnte ich ihnen sagen, um ihre Hoffnung zu stärken?

Mit tränennassen Wangen versicherte ich ihnen, dass ich sie und ihre Geschichten nie vergessen würde. Ich würde sie in meinem Herzen behalten und anderen von ihrem Glaubensmut erzählen. Ich würde ihnen an Orten eine Stimme geben, die sie nie würden besuchen können, und so viele Christen wie möglich bitten, mit mir für sie zu beten. Mein großer Traum ist, dass diese Gebete Kreise ziehen werden, bis jedes der Gebete dieser Frauen auf eine Weise erhört sein wird, dass wir nur staunen können – denn für Gott ist nichts unmöglich.

Und ich zitierte diesen Frauen Micha 7,6–8, eine Bibelstelle, die der Herr wieder und wieder benutzt hat, um mir Kraft zu geben, wenn ich auf seine Antwort wartete:

> Denn der Sohn verachtet den Vater, die Tochter widersetzt sich der Mutter, die Schwiegertochter ist wider die Schwiegermutter; und des Menschen Feinde sind seine eigenen Hausgenossen.
>
> Ich aber will auf den HERRN *schauen* und *harren* auf den Gott meines Heils; mein Gott *wird mich erhören.*
>
> Freue dich nicht über mich, meine Feindin! Wenn ich auch darniederliege, so werde ich wieder aufstehen; und wenn ich auch im Finstern sitze, so ist doch der HERR mein Licht.
>
> (Micha 7,6–8 (LÜ); Hervorhebungen durch die Autoren)

Ich erklärte meinen neuen Freundinnen, dass es zwar in Gottes Augen durchaus nichts Unehrenhaftes für ihre Verwandten sei, wenn jemand zum Glauben an Jesus kommt, dass aber ihre Verwandten selbst es oft als furchtbare Schande sehen – so lange, wie sie nicht auch Jesus als ihren Erlöser annehmen. Der neue Glaube dieser Frauen macht sie in den Augen ihrer Verwandten zu Feinden. „Und so", fuhr ich fort, „müsst ihr durch sie viel leiden – Beschimpfungen und Schläge, Verfolgung bis möglicherweise hin zum Tod. Aber vergesst nie, was Gott uns in diesen Versen verheißen hat. Egal, wie schlimm eure Situation ist, ihr dürft Hoffnung haben – weil *Gott euch erhört.*

Er hört jedes Gebet, das ihr zu ihm hochschickt.

Jedes Mal, wenn ihr zu ihm ruft, hört er. *Jedes Mal.*“

Was für eine wunderbare Verheißung aus dem Wort Gottes!

Zwei Stunden Lebensgeschichten und Bibelverse vergingen wie im Flug. Dann beteten wir, und der Himmel schien offen zu sein in diesem verriegelten und verrammelten Raum. Die Gegenwart des Herrn überwältigte uns, dass wir erst schwiegen und ihn dann lobten und priesen. Es war eine so leidenschaftliche Gebetsstunde, dass ich sie nie vergessen werde.

Dann das Abschiednehmen, mit langen, festen Umarmungen. Und dann …

Die Hidschabs wurden wieder um die Köpfe gewickelt. Die Tür aufgeschlossen. Und dann gingen diese Frauen Gottes hinaus – hinaus in eine fanatische islamische Stadt, um dort die frohe Botschaft von Jesus Christus zu verbreiten. Viele von ihnen schauten kurz noch einmal zurück, mit einem Lächeln auf den Gesichtern, das einen unerschütterlichen Glauben an Christus widerspiegelte.

Erhörte Gebete machten ihnen Mut. Die Freude im Heiligen Geist floss durch jede von ihnen. Und sie hatten einander.

Und so gingen sie, ausgesandt durch Jesus, gemeinsam zurück an ihre Arbeit – eine Arbeit, die extrem, gewagt, gefährlich war. Warum taten sie das? Weil jede von ihnen wusste, dass *jede einzelne Seele zählt*. Jeder prügelnde Ehemann. Jeder fanatische Imam. Jeder feindselige Bruder. Und jede Mutter, die verzweifelt das sucht, was ihre Tochter in Jesus gefunden hat.

Manchmal wagen sie es, zu reden. Aber *immer* beten sie. Weil sie wissen, dass sie damit Himmel und Erde in Bewegung setzen. Möchten Sie mit ihnen beten? Jedes Mal, wenn Sie zu Gott rufen, hört er Sie.

*Jedes Mal.*

Nahe ist der Herr denen, die ein gebrochenes Herz haben.
Er rettet alle, die ohne Hoffnung sind.
Wer nach Gottes Willen lebt, der erfährt viel Leid,
aber der Herr wird ihn aus allem Unglück befreien.
Psalm 34,19–20 (NGÜ)

# Kapitel 6

# In Gaza gefangen

„Rennt zum Zelt! Schnell!“

Eine heftige Detonation, einen halben Häuserblock entfernt. Die Druckwelle riss Shireen Barghouti und ihre vier Kinder zu Boden.

Sie rappelte sich wieder hoch. Ihre Tochter und die drei Söhne – keiner älter als acht Jahre – schrien vor Angst. Sie wischte den Sand von ihren Gesichtern und half ihnen auf die Füße. *Jetzt nur keine Panik, bleib ruhig, sie brauchen ihre Mutter* … Shireen nahm die beiden Tüten mit Lebensmitteln, die sie getragen hatte, wieder in die Hand, und die fünf sprinteten durch das Flüchtlingslager Deir al-Balah.

Eine zweite israelische Rakete schlug ein, diesmal noch näher. Wieder warf die Druckwelle Mutter und Kinder in den Dreck. Shireen warnte laut, um das Chaos zu übertönen: „Da kommen noch mehr Raketen!“

Sie zog die Kinder an sich. „Es tut mir leid, aber es werden bestimmt noch viele kommen. Aber Mama hat euch lieb, und Jesus wird uns beschützen. Er beschützt uns immer. Doch jetzt schnell nach Hause und unter die Matratzen!“

Shireen eilte mit den Kindern so schnell wie möglich durch die staubigen Gassen und versuchte dabei, den vielen Müllhaufen auszuweichen. Nach einem endlosen Sprint erreichten sie endlich ihre „Wohnung“ – eines der Tausenden von Zelten in ihrem Lager.

Drinnen hockten sie sich auf den Boden, bereit, die Matratzen über ihre Köpfe zu ziehen. Draußen hörte man einen Chor wütender Stimmen, die zum Rhythmus von Trommeln brüllten. Shireen wusste: Jetzt marschierten sie wieder, die grün gekleideten „Soldaten" der Hamas mit den schwarzen Gesichtsmasken und grünen Halstüchern mit Koranversen, um ihre eigenen Raketen abzuschießen – Richtung Israel.

Vor ein paar Tagen hatte ein Protestmarsch am Grenzzaun von Gaza eine tödliche Kettenreaktion ausgelöst. Erst hatte ein palästinensischer Scharfschütze auf zwei israelische Soldaten geschossen und einen von ihnen schwer verletzt. Israel hatte mit der Liquidierung von zwei bekannten Terroristen in Gaza geantwortet. Worauf die Hamas und der Islamische Dschihad über 600 Raketen auf den jüdischen Staat abgefeuert hatten; drei Israelis waren getötet und fast einhundert verletzt worden.

Shireen wusste, dass es nur eine Frage der Zeit sein würde bis zur Antwort der Israelis. Sie ging zum Markt, um Lebensmittel zu kaufen. Aber schon bevor sie und die Kinder wieder zu Hause waren, schlugen erste israelische Raketen im Lager ein. Doch sie hatten noch Glück gehabt; an diesem Abend bombardierte das israelische Militär mehr als 260 Ziele in Gaza.

„Mama, brennt der Himmel?", fragte der fünfjährige Jafar.

„Ja, so sieht's aus, nicht wahr?"

Shireen und ihre vier Kinder bereiteten sich in Gedanken schon auf die nächste schlaflose Nacht vor. Ihr muslimischer Ehemann würde nicht zu Hause sein. Er saß in einem Hamas-Gefängnis ein, seit er seine Schulden nicht rechtzeitig bezahlt hatte. Shireen würde die Schrecken der Nacht wieder einmal allein durchstehen müssen.

„Aber Jesus ist bei uns in dieser Nacht, Kinder. Er wird als Ehrengast hier in unserem Zelt sein." Shireen lächelte. „Ist das nicht toll? Er verlässt uns nie."

Die vaterlose Familie verbrachte eine unruhige Nacht. Immer wieder wurden sie von Detonationen, Schreien und den lauten Motoren der Militärfahrzeuge aus dem Schlaf gerissen.

Am folgenden Tag beschossen die israelischen Streitkräfte ein Auto mit einer Rakete, in dem Hamed Hamdan al-Khodari saß. Der berüchtigte Hamas-Kommandant betrieb etliche Geldwechselstuben, über die große Summen aus Iran zur Finanzierung terroristischer Aktivitäten ins Land kamen. Sein Tod bedeutete, dass die Hamas und der Islamische Dschihad sich andere Geldwege suchen mussten.

Als Vergeltung für al-Khodaris Tod schoss die Hamas die nächste Salve Raketen gegen Israel ab. Die Antwort der Israelis ließ nicht lange auf sich warten, und schon begann der Teufelskreis von Neuem. Und mittendrin lebte Shireen ein Leben, das sie sich nie hätte vorstellen können.

## Zehn Jahre vorher

## Tom Doyle berichtet

Draußen, nicht weit vom Eingang des Flüchtlingslagers, detonierte eine Bombe. Der Knall war ohrenbetäubend. Trotzdem zuckte niemand zusammen. Die Gespräche gingen weiter, als ob nichts gewesen wäre. Nur die Kinder drückten sich ein wenig fester an ihre Mütter, das war alles. Bombenexplosionen gehörten zum Alltag im Flüchtlingslager Deir al-Balah.

Pastor Hanna von einer der Kirchen in Gaza, JoAnn und ich waren gekommen, um Essenspakete abzuliefern. Aber zuerst mussten wir uns bei Abdul, dem Lagerleiter, im Büro der UNRWA melden, dem „Hilfswerk der Vereinten Nationen für Palästina-Flüchtlinge im Nahen Osten".

Das Lager entstand 1948, und sein Name bedeutet „Dattel-Kloster". Die Gegend ist bekannt für ihre Dattelbäume. Im 4. Jahrhundert – also in der byzantinischen Periode – baute hier ein Mönch eine kleine Hütte, die sich im Laufe der Zeit zu einer Kirche mit einem Gästehaus mauserte. Dreihundert Jahre später überrannte der Islam die Gegend und löschte das Kloster aus.

Abdul betrachtete sich als Erben des islamischen Protektorats über die Region, aber er war bemerkenswert freundlich und dankte uns sogar für unsere Hilfe. Er und mehrere seiner Assistenten sprachen Englisch und bewirteten uns mit heißem Tee und frischem Baklava-Gebäck. Alle Männer in dem engen, stickigen Wohnwagen wollten unbedingt zusammen mit den Amerikanern fotografiert werden.

Höflichkeiten hin, freundliches Gespräch her – ich konnte meine Blicke nicht von den Fotos an der Wand abwenden. Die Männer auf ihnen waren ein wahres Who's Who der Terrorszene in Gaza. Abdul versuchte gar nicht erst zu verschleiern, welchen Hintergrund er hatte und welche Beziehungen er genutzt hatte, um seine jetzige Position zu ergattern.

„Ich wollte seit Jahren schon gerne in die Hamas", lächelte er. „Und Allah war mir wohlgesonnen, und so ... habe ich jetzt diesen wichtigen Posten."

Er fuhr fort: „Wissen Sie, die Amerikaner haben ja ganz falsche Vorstellungen von der Hamas. Wir sind ein friedlicher Verein – im Wesentlichen. Humanitäre Anliegen sind unsere höchste Priorität!

Darum sind Sie ja heute hier, nicht wahr? Sie haben ein Herz für unser Volk, und das ist lobenswert. Sie sind uns jederzeit willkommen!"

Er hatte mich von den Fotos abgelenkt, sodass ich ihm antworten konnte. „Besten Dank, Abdul. JoAnn, Pastor Hanna und ich sind dankbar für Ihre Gastfreundschaft. Was haben Sie sich für eine Mühe für uns gemacht; das wäre wirklich nicht nötig gewesen! Bitte entschuldigen Sie, dass wir kein Geschenk mitgebracht haben. Aber eine Kleinigkeit möchten wir Ihnen doch anbieten."

„Aber gerne!" Abdul sprang förmlich von seinem Plastikstuhl hoch, erwartungsvoll wie ein Kind.

„Wir möchten gerne für Sie und Ihre Familie beten, Abdul. Und für all die anderen Männer, die heute hier sind."

(Selten bekommt man eine solche Gelegenheit, dafür zu beten, dass Mitglieder der Hamas Jesus kennenlernen. Das konnten wir uns nicht entgehen lassen!)

Und bevor Abdul Nein sagen konnte, begannen wir ein Gebet, das einer Billy-Graham-Evangelisation würdig war. Der Heilige Geist gab uns die Worte ein, und wir spürten es förmlich, dass jeder der Männer tief berührt davon war.

Diese Leute waren Mitglieder einer bekannten Terrorgruppe; sehr wahrscheinlich waren sie erklärte Feinde Israels und hatten selbst eine Menge Gräueltaten begangen. Aber sie waren immer noch Menschen und als Ebenbilder Gottes erschaffen. Unsere jahrelange Arbeit im Nahen Osten hat uns gezeigt, dass kein Mensch „unerreichbar“ ist. Jesu Liebe und seine Macht können selbst Terroristen in die hingebungsvollsten Jünger verwandeln.

Als wir fertig gebetet hatten, hatte Abdul Tränen in den Augen. Leise sagte er: „Das war wirklich schön. Ihre Worte haben meine Seele getröstet.“

Und bevor wir etwas erwidern konnten, hatte er seine Arme ausgebreitet und jeden von uns mit aller Kraft umarmt.

Pastor Hanna war der Erste, der wieder das Wort ergriff. „Abdul, können wir uns in dem Lager frei bewegen und die Familien besuchen, die um Hilfe gebeten haben?“

„Aber natürlich! Bleiben Sie so lange, wie Sie wollen. Die meisten Familien sind noch nie Amerikanern begegnet, sie werden sich die Gelegenheit nicht entgehen lassen. Und Sie können gerne mit ihnen beten, wie eben mit uns.“ Abdul klopfte jedem von uns freundlich auf den Rücken, als wir sein Büro verließen.

Als wir die Stufen des überbreiten Wohnwagens wieder hinuntergegangen waren, kommentierte JoAnn den unerwarteten Empfang: „Pastor Hanna, das war gerade ein richtiges Wunder! Ein Hamas-Mann lädt uns ein, mit den Muslimen in seinem Flüchtlingslager zu beten! Wenn das nicht der Heilige Geist war!“

Es sollte nicht das letzte Wunder sein an diesem Tag.

Der Zustand des Lagers war schockierend. Vor einem der Zelte starrten wir erschrocken auf den mit Fliegen bedeckten Kadaver eines Esels. Doch plötzlich bewegte sich das Tier, offenbar voller Schmerzen. Der Esel war noch gar nicht ganz tot, aber niemand kam auf die Idee, ihm zu helfen oder sein Leiden abzukürzen.

Der Fliegenschwarm flog von dem blutverschmierten Esel zu den Kindern, die in der Nähe im Müll spielten. Keiner schien den Dreck wahrzunehmen, der jede Menge Bakterien enthalten musste.

Ein offener Abwasserkanal verpestete die Luft. Trotzdem wurden wir in jedem Zelt, das wir besuchten, mit arabischer Gastfreundschaft empfangen. Pastor Hanna übersetzte unsere Gebete für die Menschen, denen wir begegneten. Wir spähten bei jedem Gebet durch unsere geschlossenen Augenlider und beobachteten die Familien. Mit aufgerissenen Augen hörten sie zu, wie wir voller Inbrunst Jesus um seinen Segen für sie baten.

In einem Zelt lernten wir das Ehepaar Baraka und ihre zehn Kinder kennen. Die Behausung bestand teils aus rostigem Blech und teils aus verschlissenen schwarzen Stoffplanen. Während wir unsere x-te Tasse Tee an diesem Tag schlürften, berichteten die Barakas über ihren harten Alltag in Deir al-Balah. Strom gab es meist nur eine Stunde am Tag. Lebensmittel waren knapp; die Familie war auf die Lieferungen der UNRWA angewiesen, ergänzt durch das kleine bisschen, das sie sich von der einen oder anderen Gelegenheitsarbeit selbst kaufen konnten.

Eine ihrer Töchter, die zwanzigjährige Shireen, studierte an der Al-Azhar-Universität in Gaza. Ihr Englisch war ausgezeichnet, und sie übersetzte die traurige Lebensgeschichte ihrer Mutter, die ihr ganzes Leben in diesem Lager zugebracht hatte.

Als Frau Baraka fertig war, weihte Shireen uns spontan in die Ziele ein, die sie für ihr eigenes Leben hatte. „Ich möchte mein Examen machen, einen guten Job bekommen, drei oder vier Jahre arbeiten und mir dann eines Tages einen eigenen Laptop kaufen. Das ist mein großer Traum!"

Ich war platt. Das war ihr ganzes Ziel? Ein Computer?

Durch unsere amerikanischen Augen betrachtet, war es ein extrem bescheidenes Ziel. Aber wir machten uns die Situation bewusst: Hier in Gaza lag die Arbeitslosenquote bei 40 Prozent. Vier Fünftel der Menschen waren von fremder Unterstützung abhängig. Schlagartig begriffen wir, warum die jungen Leute in Gaza so bescheidene Ziele hatten.

Diese Tage in Deir al-Balah veränderten uns und auch die Art und Weise, wie wir zu Hause in den USA über unsere Arbeit sprachen. Als wir vor einer Gemeinde in Atlanta sprachen, erzählten wir Shireens Geschichte und schilderten die Armut und die täglichen Gefahren in Deir al-Balah. Wir erwähnten auch, wie es uns schockiert hatte, dass es das große Lebensziel dieser freundlichen jungen Frau war, einen eigenen Computer zu besitzen.

Wir sahen, dass unser Bericht die vor uns sitzenden Leute tief bewegte. Aber was nach dem Gottesdienst geschah, hätten wir uns im Traum nicht vorstellen können. Ein Mann trat zu uns und überreichte uns einen Karton. In dem Karton war ein nagelneuer Hightech-Laptop, den der Mann erst am Morgen dieses Tages gekauft hatte. Wir schauten den Karton an, dann den Mann.

Hatten wir da vorhin etwas zu dick aufgetragen? „Entschuldigen Sie, bitte, wir wollten niemanden auffordern oder einen Wink mit dem Zaunpfahl geben, uns einen Computer für Shireen zu schenken. So war das nicht gemeint."

„Nein, nein, das haben Sie auch nicht getan, das ist schon recht. Aber ich hatte auf diesen Laptop gespart, und das Ding ist ein absolutes Topgerät. Jetzt bin ich froh, dass ich es noch nicht aus der Verpackung herausgeholt hab. Es ist nämlich so: Als Sie vorhin Shireens Geschichte erzählten, gab Gott mir vier Worte ins Herz, immer wieder: ‚Verschenk ihn an Shireen.'"

---

Neun Monate später waren wir wieder in Gaza. JoAnn und ich begaben uns mit dem neuen Computer nach Deir al-Balah. Abdul sagte uns, wie wir zu dem Zelt der Barakas kamen, und los ging's.

Shireen und ihre Lieben konnten es kaum glauben, dass wir sie ein zweites Mal besuchten. Wir kamen ohne Umschweife zu dem Grund für unseren Besuch.

„Shireen, weißt du noch, dass du uns das letzte Mal deinen großen Lebenstraum verraten hast?"

„Natürlich! Und ich hoffe weiter, dass ich mir eines Tages einen eigenen Laptop leisten kann." Shireen lächelte stolz.

JoAnn zog den Karton mit dem Laptop hervor, den sie hinter ihrem Rücken versteckt hatte, und sagte: „Jesus hat das in die Hand genommen. Es ist sein persönliches Geschenk für dich. Er schenkt dir diesen Laptop, Shireen."

Man hätte glauben mögen, dass wir Shireen die Schlüssel zu einem brandneuen Rolls Royce übergeben hatten. Sie starrte den Karton an. Mindestens zehn Sekunden lang brachte sie kein Wort hervor. Aber das war auch gar nicht nötig; ihre Tränen zeigten mehr als tausend Worte, wie unsagbar dankbar sie war.

Ihre Lieben drängten sich um uns und betrachteten den Computer wie einen Schatz, den jemand gerade ausgegraben hatte. Und dann explodierte das ärmliche Zelt in einem nicht enden wollenden Freudentaumel aus Umarmungen und Dankesrufen.

Shireens Computer wurde ein Licht im Dunkel des Flüchtlingslagers. Damals waren alle Menschen, die dort lebten, Muslime, und so hatten wir alle christlichen Programme, die wir kannten, auf dem Laptop installiert. Unter anderem die gesamte Bibel auf Arabisch und

Englisch, Anbetungslieder und Links zu Bibelkursen in arabischen Gemeinden des Nahen Ostens.

Während der Stunde, in der es im Lager Strom gab, schickte Shireen uns oft E-Mails mit Fragen, zum Beispiel: „Warum liebt Jesus mich?“ Oder: „Warum liebt *ihr* mich?“ Sie hatte auch ausgefallenere Fragen, zum Beispiel: „Ist Jesus wirklich ein Jude?“

Wir versuchten, Shireen das Evangelium zu erklären. Oft waren wir uns aber unsicher, ob sie wirklich verstand, was wir ihr schrieben.

Ein Jahr verging, dann ergab es sich, dass wir wieder nach Gaza konnten. Kurz vorher schickten wir Shireen eine E-Mail:

> Hallo, Shireen, wir werden für einen halben Tag wieder in Gaza sein, aber diesmal nur in der Kirche von Pastor Hanna; das ist ziemlich weit von euch. Der Gottesdienst beginnt um 10:30 Uhr. Wir würden dich zwar gerne sehen, aber wir werden nicht die Zeit haben, Deir al-Balah zu besuchen. Aber nächstes Mal sehen wir uns, okay?
>
> Tom und JoAnn

Es war zehn Uhr, als wir die Kirche erreichten. Als wir hineingingen, wen sahen wir da? Shireen in ihrem schwarzen Hidschab. Sie und ihr Vetter Fadi (der die Rolle des traditionellen männlichen „Beschützers“ übernommen hatte) saßen schon da. Sie waren die Allerersten gewesen, die zu dem Gottesdienst kamen.

Als der Gottesdienst begann, sang Shireen laut mit, auf ihrem Gesicht ein breites Lächeln. Wir waren platt. Sie kannte die Lieder! Als ich als Gastprediger vorgestellt wurde, nickte sie begeistert.

Das war ein Ding! Zwei Muslime saßen in einer Kirche in Gaza. Ich stellte sofort meine Predigt auf eine reine Evangeliumsverkündigung um.

Als ich fertig war, setzte ich mich neben Shireen. Sie stupste mich freundschaftlich in die Seite und sagte laut: „Gut gemacht, Tom Doyle!“

Uns stand der Mund offen. Eine muslimische junge Frau äußerte sich positiv über eine Predigt aus der Bibel, und das, obwohl ihr Vetter direkt neben ihr saß. Und – das nächste Staunen – der Vetter nickte zustimmend!

Ich wartete, bis ich wieder Luft bekam nach dem Rippenstoß, dann fragte ich: „Dann hat dir die Botschaft aus der Bibel gefallen, Shireen?"

„Natürlich! Ich habe ja jetzt Jesus in meinem Herzen. Wusstet ihr das noch nicht, Tom?"

Nein, das wussten wir noch nicht. Und Shireen erklärte uns ohne Umschweife, dass sie die erste Christin im Flüchtlingslager Deir al-Balah war.

„Wir müssen die Botschaft von Jesus unter die Leute von Deir al-Balah bringen!" Shireen vibrierte förmlich unter ihrem Hidschab, als sie mich über ihr neues Lebensziel aufklärte. „Viele Menschen sind offen und möchten gerne von Jesus erfahren."

Bevor wir gingen, wurde Shireen von mehreren Dutzend Gemeindegliedern umarmt, was ihrem Vetter sogar zu gefallen schien.

Es ist wahrlich erstaunlich, was Gott alles als sein Werkzeug benutzen kann.

Ein Glas Wasser.

Ein freundliches Wort.

Ein kleines Geschenk.

Einen Traum mit Jesus.

Oder einen Computer ... um die Person zu erreichen, die zum ersten Christen in einem muslimischen Flüchtlingslager wird.

Aber das Herzstück seiner Macht ist sein Wort, die Bibel. Die ewigen Worte des Gottes, der im Himmel wohnt, verwandeln das menschliche Herz.

Shireen hat sich nie wieder „erholt" von ihrer ersten Bibellektüre. Ihr Herz war erobert, und ohne Zögern vertraute sie ihr Leben Jesus Christus an. Heute liebt sie Jesus und ist eine der wenigen Zeugen der Wahrheit Gottes in Gaza.

## Gefangen, aber treu

Shireen Baraka lebt in einem Kessel des Hasses, der immer wieder überkocht. Sie ist in ihrem ganzen Leben nie außerhalb des Gazastreifens gewesen, der doch nur knappe 40 Kilometer lang und zwischen 5 und 11 Kilometer breit ist.

Qasem Soleimani war bis zu seinem Tod im Jahre 2020 einer der führenden Generäle der Iranischen Revolutionsgarde. Er investierte ungeheure Summen iranischen Geldes in die jungen Menschen im Gazastreifen. Ohne das iranische Geld, das er besorgte, hätte die Hamas nicht existieren können. Und um auch ja niemanden zu übergehen, finanzierte er den Hamas-Konkurrenten Islamischer Dschihad gleich mit. Shireen nimmt kein Blatt vor den Mund, wenn sie das Klima des Todes und der Zerstörung beschreibt, das durch Leute wie Soleimani geschaffen wurde.

„Der Hauptexportartikel von Gaza ist der *Terrorismus*", sagt sie.

„Es ist furchtbar traurig, dass jedes Mal, wenn der Gazastreifen erwähnt wird, die Leute als Erstes an islamistische Terroristen denken. Aber woran sollen sie sonst denken? Wir werden buchstäblich von ihnen regiert. Iran gibt der Hamas *jeden Monat* 30 Millionen Dollar!

Wir sind schon von Al Kaida, dem Islamischen Staat, der Muslimbruderschaft und der Volksfront zur Befreiung Palästinas regiert worden, um nur einige zu nennen. Jedes Jahr bilden sich neue Gruppen, und unsere Jungen betrachten diese ‚Freiheitskämpfer' als Helden und Vorbilder.

In Europa vergöttern die Menschen Fußballspieler. In Gaza nicht. Hier sieht man auf den Plakatwänden Männer in grünen Uniformen, die Kalaschnikows schwenken und ‚Tod den Israelis!' brüllen.

Die dauernden Explosionen können einen in den Nervenzusammenbruch treiben. Vor ein paar Jahren feuerte die Hamas im Laufe von ein paar Monaten über zehntausend Raketen gegen Israel ab. Wir wussten, dass die Antwort der Israelis nur eine Frage der Zeit war, und als wir dann die Drohnen über uns brummen hörten, ging alles in Deckung.

Die Hamas hat rein gar nichts für die Menschen in Gaza getan. Sie steckt sich Millionen Dollar in die eigenen Taschen, während die kleinen Leute hungern. Die Hamas-Kämpfer sind Raubtiere, die diesen sinnlosen Krieg mit Israel absichtlich in die Länge ziehen.

Wahrscheinlich denkt ihr, dass ich Israel hasse, weil ich in Gaza wohne und als Muslima aufgewachsen bin. Aber das tue ich nicht. Ich verabscheue die Hamas – und all die anderen Terrorgruppen, die das Leben im Gazastreifen unerträglich machen.

Ich habe vier Kinder. Drei sind Jungen, und ich frage mich, was für eine Zukunft sie einmal haben werden."

Das ist eine gute Frage. Im Mai 2019 gelang es Fadi Abu al-Sabah, einem Bombenexperten, ein Visum für Israel zu bekommen. Es war ein Visum „aus humanitären Gründen", doch Sabahs Motive waren alles andere als humanitär. Er sollte im Auftrag der Hamas Terrorzellen in der West Bank aufbauen. In Taybeh wurde der Bombenexperte schließlich verhaftet.

Warum ist das so wichtig? Weil Fadi Abu al-Sabah ein Bewohner des Flüchtlingslagers Nuseirat gewesen war. Das ist das Umfeld, in dem Shireen mit ihrer Familie lebt.

Seit 1948 sind die acht Flüchtlingslager im Gazastreifen eine Brutstätte des Terrorismus. Dabei gibt es keinen vernünftigen Grund, warum es auch nur *ein* solches Lager geben muss. Obwohl der Gazastreifen dicht besiedelt ist, gibt es mehr als genug Raum für neue Wohnhäuser – wenn die Hamas das so wollte. Aber es ist besser für die Legende, dass Israel an allem schuld ist, wenn man die Palästinenser weiter in ihren Flüchtlingslagern lässt. Die Hamas und andere Terrorgruppen verdienen ein Vermögen damit, ein Stachel in Israels Fleisch zu bleiben und ihre eigenen Leute für ihre „Sache" einzuspannen.

Israel hat sicher Fehler gemacht im Umgang mit den Palästinensern, und es gibt keine größere Herausforderung für sie als Gaza. Terrorzellen auszumerzen, die aus dicht besiedelten zivilen Wohnvierteln heraus agieren, ist extrem schwierig und letztlich unrealistisch. Die unvermeidliche Folge ist, dass immer wieder Unschuldige im Gazastreifen sinnlos ihr Leben verlieren.

## Shireen erklärt den Gaza-Teufelskreis

Wie funktioniert das System Gaza?

Irgendwann kommt der Punkt, an dem die Menschen die harte Hand der Hamas gründlich satthaben und sie am liebsten hinauswerfen würden. Sie werden verzweifelt genug, um das Unmögliche zu versuchen. Kürzlich gab es hier in Gaza Protestmärsche gegen die Hamas – und die Demonstranten wurden nicht erschossen. Das hatte es noch nie gegeben.

Aber so böse die Hamas auch ist, dumm ist sie nicht. Sie spürt es, wenn ihre Unterstützung beim Volk schwindet und die Stimmung zu kippen droht. Was ist die Lösung? Der nächste Angriff auf Israel natürlich, mit Tausenden Raketen. Sie versetzen den Israelis so viele Nadelstiche, bis ihr Militär einmarschiert, und dann wird es erst recht hässlich, und der Kreislauf beginnt von Neuem.

Können Sie sich vorstellen, wie es ist, in einer solchen Umgebung Kinder großzuziehen? Jede Mutter hofft doch das Beste für die Zukunft jedes Kindes, das Gott ihr geschenkt hat. Aber diese Hoffnung zerbricht an der Realität, wenn es einfach kein Entrinnen gibt aus der Armut, dem Dreck und dem Krieg.

In Gaza habe ich viel Zeit mit dem Träumen darüber verbracht, wie das Leben auf der anderen Seite des Grenzzauns sein könnte, frei von dieser Finsternis und diesem Hass.

Erst vor Kurzem hatten wir mehrere Tage nichts zu essen. Wie so viele im Gazastreifen war mein Mann erst arbeitslos und kam dann ins Gefängnis, weil er unsere Rechnungen nicht bezahlen konnte. Unsere Kinder weinten und gingen ohne Frühstück zur Schule, einen Tag nach dem anderen. Ich hatte nicht gewusst, dass das Herz einer Mutter so brechen kann.

Wie kann eine Mutter in einer solchen Situation an etwas anderes denken als daran, endlich aus Gaza herauszukommen, um ihren Kindern ein besseres Leben bieten zu können? Es ist so verführerisch, unser Leben hier nur auf das zu gründen, was wir hoffen. Wir leben für morgen – und vergessen ganz, was heute wichtig ist.

Lange Zeit flüchtete ich mich regelmäßig in eine Fantasiewelt. Ich stellte mir vor, was ich nicht alles dafür geben würde, um unsere vier Kinder mit in eine Kirche nehmen zu können. Aber daran ist in Gaza noch nicht einmal zu denken. Der Besuch in der Gemeinde in Gaza, wo Tom zu Gast war und predigte, war wunderbar – aber wenn ich regelmäßig in diese Gemeinde ginge und die Islamisten mich sähen, würden sie mich umbringen und meine Kinder würden bei muslimischen Verwandten aufwachsen.

Um meine eigene Frage zu beantworten: Wie kann eine Mutter in Gaza an etwas anderes denken als daran, endlich aus Gaza herauszukommen, um ihren Kindern ein besseres Leben bieten zu können? Jesus zeigte mir, wie das möglich ist. Er hat mir beigebracht, meine Augen auf *ihn* zu richten und nicht auf die Dinge um mich herum. Und so steht *er* jetzt im Mittelpunkt meines Lebens, und mein Lebensprojekt ist, ihm im Gazastreifen treu zu sein. Vielleicht bekomme ich irgendwann irgendwo Asyl und kann hier weg – aber vielleicht auch nicht.

Aber was auch geschieht, *Jesus hat mich dazu berufen, im Gazastreifen eine Frau Gottes zu sein.* Hier werde ich gebraucht, hier hat Gott mir eine Aufgabe gegeben. Inzwischen hat auch meine jüngere Schwester Jesus liebgewonnen, und wir beten zusammen und tauschen uns über Bibelverse aus. Ich erzähle auch anderen Menschen, wie sie in Jesus ewiges Leben bekommen können – hier in Gaza, wo der Tod herrscht.

Nach wie vor trage ich Hidschab und Abaya, weil ich eine Untergrundchristin bin. Wenn ich keine Kinder hätte, würde ich allen im Lager Deir al-Balah ganz offen von Jesus erzählen. Man würde mich dann sehr wahrscheinlich verfolgen und umbringen, und meine Liebe zu Jesus wäre mir das wert. Aber ich möchte meine Kinder beschützen. Und den Rest meiner Familie mit dem Evangelium erreichen.

Mein Mann wird bald aus dem Gefängnis freikommen. Er gehört zu einem strikt muslimischen Familienclan, und unsere Heirat war keine Liebesheirat. Noch nie hat er mir zum Geburtstag oder Hochzeitstag ein Geschenk gemacht, und ich muss gestehen, dass ich manchmal davon geträumt habe, ihn zu verlassen.

Aber ich glaube, dass Jesus die Macht hat, eine Ehe wieder lebendig zu machen. Schaut euch nur an, was er im Libanon mit Dina und Mohammad gemacht hat. Ich bete für ein ähnliches Wunder! Die gute Nachricht ist, dass mein Mann die Veränderung in meinem Leben bemerkt hat und anfängt, offen zu werden für Jesus. Manchmal sind ja die Menschen, die man am schwersten für Christus erreichen kann, die eigenen Verwandten. Und so möchte ich euch fragen: Könnt ihr für meinen Mann beten?

Wie auch immer dein Leben aussieht, merk dir zwei Dinge: Lebe dein Leben und bleibe Jesus treu. Er ist dir immer treu gewesen und wird es auch in Zukunft sein. Vielleicht hat sich dein Leben nicht so entwickelt, wie du gehofft oder geplant hattest – das ist nicht entscheidend. Jesus will, dass du eine Blume bist, die mitten im Dreck wächst und seine Herrlichkeit widerspiegelt.

Doch zu diesem Wachstum wird es nie kommen, wenn du immer nur darüber nachdenkst, was du *nicht* hast. Richte deinen Blick auf Jesus, den Anfänger und Vollender unseres Glaubens (vgl. Hebräer 12,2).

Bete um Wunder, bete um Veränderung – aber halte auch dann an deinem Glauben fest, wenn die Dinge nicht nach *deinem* Zeitplan laufen. Jesus ist treu. Wenn du deine Augen auf ihn richtest, werden die Probleme und Herausforderungen des Lebens kleiner werden.

Ich weiß, dass das stimmt, weil ich es in meinem Leben als Nachfolgerin Jesu im Gazastreifen erlebt habe. Ich bete für euch, meine lieben Freunde in Christus; bitte betet ihr auch für mich und denkt an mich hier im Flüchtlingslager Deir al-Balah. Draußen raunt man sich zu, dass die Hamas bald den nächsten großen Schlagabtausch mit Israel beginnen wird, und dann wird das Leid der Menschen in Gaza noch größer werden.

Ich versuche, nicht an diese Dinge zu denken. Ich hefte meinen Blick ganz bewusst auf Jesus Christus.

Du aber, HERR, bist der Schild, der mich schützt,
meine Ehre bist du allein.
Du selbst richtest mich immer wieder auf.
Mit lauter Stimme will ich zum HERRN rufen,
er wird mir antworten von seinem heiligen Berg.
Psalm 3,4-5 (NGÜ)

# Kapitel 7

# Flucht aus Mekka

Khadija Qureshi war schon oft hier gewesen, am Eingang der großen Moschee in Mekka, die den Geburtsort Mohammeds markierte. Trotzdem war sie immer wieder neu überwältigt. Sie befand sich mitten unter den gut zwei Millionen gläubigen Muslimen, die sich in ihrer Heimatstadt Mekka zum jährlichen *Hadsch*, der Pilgerfahrt der Moslems, versammelt hatten. Gerade hatte die riesige Menge begonnen, die *Kaaba*, den heiligen Stein im Zentrum des Hofes, gegen den Uhrzeigersinn zu umrunden.

Khadija holte tief Luft; ihre Eltern hatten sie nach einer der Frauen Mohammeds benannt, ihre Freunde nannten sie schlicht „Kady". *Hier gibt es nur Gläubige,* musste sie denken. *Wenn hier ein Ungläubiger entdeckt wird, ist er des Todes.*

Kady atmete langsam aus und schloss sich der Menschenmenge an. Zufriedenheit und Freude durchfluteten ihre Seele. Sie konnte schier nicht fassen, dass sie heute hier war, an diesem altvertrauten Ort, wo doch alles so völlig anders und neu war als früher. Die Vorfreude auf die langsame Umrundung der Kaaba brachte sie förmlich zum Zittern; gleichzeitig hoffte sie, dass es nicht ihre letzte sein würde.

Es war das erste Mal, dass Kady hier war, um an dem heiligsten Ort des Islam für andere zu beten … nicht als Muslima, sondern als frischgebackene Nachfolgerin von Jesus Christus.

## Zehn Monate früher

Zwei junge Frauen Anfang zwanzig mit schwarzen Hidschabs saßen an einem Ecktisch in ihrem Lieblingscafé in Mekka. Hier konnten die beiden besten Freundinnen über alles reden; ihre Geheimnisse waren hier gut aufgehoben.

Schon als kleine Mädchen hatten die Freundinnen alles übereinander gewusst, und hier, an ihrem sicheren Rückzugsort, war kein Thema tabu. Wie viele Jungen hatten sie schon gemeinsam begutachtet? Was waren die neuesten Schrullen in ihren Familien? Ihre neuesten Hoffnungen für die Zukunft?

Sie teilten ihren Liebeskummer und ihre Träume, die oft so unerreichbar schienen. Und natürlich sprachen sie über die Religion. Kady und Amina waren wie zwei Schwestern. Aber was Amina heute von ihrer Freundin hörte, darauf war sie nicht vorbereitet. Es war völlig anders als all die Gespräche und persönlichen Geständnisse in der Vergangenheit.

Kady hob ihren Karamell-Macchiato an die Lippen, nahm einen Schluck und beugte sich über den Tisch näher zu ihrer Freundin.

„Jesus war in Mekka."

*Was* sagte die da? Amina starrte ihre Freundin verständnislos an, die gerade vom jährlichen *Hadsch* zurückgekehrt war.

Kady erwiderte ihren Blick, die Augen ernst, aber ruhig. „Und ich war nicht die Einzige, die ihn gesehen hat."

Amina lehnte sich langsam zurück und hob ihre Kaffeetasse vor ihr Gesicht, eine unbewusste Abwehrgeste gegen die unerhörten Worte ihrer Freundin. Die fuhr unbeirrt fort.

„Ich hab ihn *gesehen*, Amina. Jesus war da, in einem weißen Gewand." Kady schüttelte fast unmerklich den Kopf. „Dieses Licht, das von ihm ausstrahlte, ich werde es nie vergessen."

Sie flüsterte die Worte. Dann unterbrach sie sich und beobachtete ihre Freundin. Ein paar Sekunden, und die Andeutung eines Lächelns bog ihre Mundwinkel.

„Komm, wir gehen schnell zur Kaaba, dann zeig ich dir die Stelle, wo ich ihn gesehen hab. Mit einem Taxi sind wir in einer Viertelstunde da."

„Kady!" Aminas Augen loderten. „Beruhige dich. Hat meine Freundin ihren Verstand verloren? Hast du vergessen, wo wir wohnen? Wir sind in *Mekka*. So etwas kannst du nicht in der Öffentlichkeit sagen, wenn dir dein Leben lieb ist."

## Fragen

Amina ließ kurz ihren Blick durch das Café schweifen, dann sah sie wieder zu Kady.

„Wir sind seit der ersten Klasse beste Freundinnen, Kady. Und ich gebe zu, ich konnte mich nie so für den Islam begeistern wie du. Du warst immer Feuer und Flamme für unsere Religion." Amina tippte sich auf die Brust. „Aber ich – ich hab zu viele Dinge gesehen, die mir aufgestoßen sind und die mich ins Fragen gebracht haben.

Die ganze Art, wie der Islam mit den Frauen umgeht, ist ein Problem, das eine Nummer zu groß ist für mich. Kümmert Allah sich überhaupt um uns? Sind wir ihm wichtig? Wenn wir von Ismael abstammen, warum wird dann Ismaels Mutter, Hagar, im Koran kein einziges Mal erwähnt?" Sie streckte den Zeigefinger aus. „Warum hat Allah sie nie mit Namen genannt? Gut, es gibt Anspielungen auf sie im Koran, aber das ist nichts Besonderes. Warum wird sie nirgends erwähnt?

Ich habe den Eindruck, Allah hört uns gar nicht. Ich hab's noch *nie* erlebt, dass er ein Gebet von mir erhört hat!" Aminas Stimme wurde anklagend. „Ich komme mir vor, als ob ich unsichtbar bin, Kady. Keiner scheint Notiz von mir zu nehmen, außer du, meine Freundin.

Aber was rede ich da über mich selber und wie ich unsere Religion empfinde? Du – bist anders geworden. So anders …" Sie verstummte.

Kady sah sie schweigend an. Sie wusste: Ihre Freundin hatte noch mehr zu sagen.

„Dein ganzes Leben lang bist du eine fromme Muslima gewesen und hast mich angepredigt … und jetzt hast du es auf einmal mit Jesus! Und du klingst fast so, als ob er *mehr* war als nur einer der Propheten."

Amina breitete die Hände auseinander. „Was ist da nur in dich gefahren? Wissen deine Eltern das schon?"

Die Frage ließ Kady lächeln.

„Amina, ich sehne mich nach dem Tag, an dem ich ihnen von Jesus erzählen werde." Sie unterbrach sich. „Ich hatte Jesus um ein Zeichen gebeten, weil ich so oft von ihm träumte. In jedem Traum sagte er mir Worte, die mich direkt ins Herz trafen. Er sagte: *Kady, denke daran: Ich liebe dich, und ich werde dich nie verlassen.*

Tja, und da habe ich schließlich gebetet: ‚Jesus, wenn du wirklich das bist, was du von dir sagst, dann … begegne mir bitte während des *Hadsch* an der Kaaba.'

Nun, ich war in dem heiligen Haus. Und während meiner ersten Runde um den Stein, da habe ich es plötzlich gehört. Ich war in meine Gebete vertieft, als auf einmal der Name *Jesus* wie ein Blitz durch meine auswendig gelernten Worte fuhr. Ich habe ihn laut ausgesprochen.

Aber nicht nur ich habe seinen Namen gesagt. Alle möglichen Leute um mich herum sprachen ihn ebenfalls aus, alle gleichzeitig. Wie war das möglich? Mein erster Gedanke war: Was, wenn jemand das dem Scharfrichter meldet? Aber niemand reagierte, es kamen auch keine Wächter. Ein paar Minuten später hörte ich es wieder. Hörte nur ich das? Oder auch andere? Später habe ich herausgefunden, dass dort eine ganze Gruppe von Menschen gleichzeitig eine Vision von Jesus gehabt hat."

Kady schüttelte ihren Kopf. „Mir ist es immer noch ein Rätsel, wie er das gemacht hat. Aber er war da! Wir sahen Jesus, wie er oben auf dem Kaaba-Stein stand und uns anlächelte. Es war so ein anziehendes Lächeln, dass ich instinktiv meine Hand in seine Richtung streckte. Ich bekam sofort Angst und zog sie wieder zurück. Was, wenn einer mich sah?

Aber ich starrte Jesus an, und er schien meine Angst zu merken. Er wollte nicht, dass ich Angst hatte, und fuhr mit seiner Hand über die ganzen Menschen, damit ich sah, was da geschah.

Und ich sah es. Ich war nicht allein. Viele, viele Hände streckten sich nach Jesus aus, Amina. Es gab keinen Zweifel: Er war da! Jesus war da – an der *Kaaba*!"

Kady unterbrach sich für ein paar Sekunden, damit ihre Freundin die Worte verdauen konnte. Dann sprach sie weiter, und es waren die erstaunlichsten Worte, die Amina je gehört hatte. „Kurze Zeit danach hab ich mein Leben Jesus anvertraut. Es war die beste Entscheidung meines Lebens."

Amina stand abrupt auf und packte den Arm ihrer Freundin. „Lass uns spazieren gehen."

Draußen machte Amina ihrem Herzen Luft.

„Deine Geschichte mit Jesus an der Kaaba und dass andere ihn auch gesehen haben, hat mir eine richtige Gänsehaut gemacht." Aminas Augen bohrten sich in Kady. „Ich bin Buchhalterin und nicht so emotional wie du, aber was du da gerade erzählt hast …" Sie blinzelte heftig und fuhr so ruhig fort, wie es ging: „Dabei ist mir das Herz richtig warm geworden."

Sie holte mehrere Male tief Luft. „Glaubst du, dass Jesus auch *mir* in einem Traum erscheinen würde?"

Kadys Gesicht leuchtete. Sie umarmte ihre Freundin fest. „Ich werde darum beten, Amina!"

„Psst, Kady! Nicht so laut! Die Leute denken ja glatt, du bist eine Christin aus Amerika!"

„Ich weiß. Ich muss vorsichtiger sein. Ich versuche immer noch, mich zu sortieren, Amina."

Kady hakte sich mit dem rechten Arm bei Amina unter, und die beiden gingen Arm in Arm die Straße entlang. Nach einem Häuserblock sagte Kady: „Betest du noch, Amina, auch wenn Allah dich enttäuscht hat? Früher hast du doch immer gebetet."

Amina zog ihre Kopfbedeckung zurecht, wie um zu demonstrieren, wie fromm sie war. Kady merkte, dass ihre Freundin über die Frage empört war.

„Natürlich bete ich, Kady! Ich tue das, weil … man das eben macht. Also, ich bete schon, manchmal.“ Sie runzelte die Stirn. „Das ist echt was Persönliches, was du da fragst. Was soll das? Willst du mich prüfen? Willst du mich bei den Religionswächtern anklagen?“

Die beiden Freundinnen lachten.

„Amina, seit wann sind wir *nicht* persönlich? Du und ich, wir haben doch keine Geheimnisse voreinander! Ich habe dich das mit dem Beten deswegen gefragt, weil ich mich an kein einziges meiner Gebete erinnern kann, das Allah je erhört hätte. Und jetzt hast du gerade gesagt, dass er deine auch nicht erhört hat. Hört er uns überhaupt zu? Ich glaube nicht.

Ich meine, ich hab ihm an der Kaaba schon öfter mein Herz ausgeschüttet und eimerweise Tränen vergossen. Und was hat er gemacht? *Nichts*, Amina, absolut nichts!“

Kady Qureshi holte tief Luft, zögerte kurz und sagte dann: „Amina, mir ist eines klar geworden: Jesus erhört Gebet und Allah nicht.“

Kadys beste Freundin blieb abrupt stehen und sah zum Himmel hoch, das Gesicht schmerzlich verzogen. Ohne Kady anzusehen, sagte sie mechanisch: „Meine Liebe, mit solchen Sprüchen kannst du dich ins Gefängnis bringen. Solange du in Saudi-Arabien bist, darfst du über religiöse Dinge, die außerhalb des Islam liegen, noch nicht einmal nachdenken!“

Dann schaute sie zu Boden und fuhr flüsternd fort: „Aber du hast ja recht. Ich befolge die Gebetsrituale, aber in meinem Herzen bete ich schon seit Jahren nicht mehr. Allah hört nichts, was ich ihm sage. Für ihn bin ich unsichtbar, gerade so, als ob es mich nicht gibt.“

Sie zog Kady abrupt an sich, und Tränen fielen auf die Schulter der Jesus-Nachfolgerin. Nach ein paar Sekunden packte Kady eindringlich Aminas Schultern.

„Ich wollte dir kein schlechtes Gewissen machen mit meiner Frage. Wir wissen doch beide, dass unsere Religion einem pausenlos ein schlechtes Gewissen macht. Was ich sagen will, ist dieses: Als ich angefangen habe, zu Jesus zu beten, hat er mir jedes Mal, wenn ich ihn um etwas bat, geantwortet. *Jedes Mal.*“

Kady überlegte kurz, dann fuhr sie fort: „Bitte ihn doch einfach mal um etwas, Amina!“ Sie grinste. „Oder traust du dich nicht?“

Jetzt war es an Amina zurückzugrinsen. „Kady, Jesus würde nie ein Gebet von mir beantworten. Ich glaube doch nicht so an ihn, wie du das tust. Und überhaupt: Ich hab den Eindruck, du bildest dir da nur was ein.“ Sie blieb wieder stehen und schaute auf den Bürgersteig und dann ins Gesicht ihrer Freundin. „Hast du das gerade ernst gemeint, dass ich Jesus um etwas bitten soll?“

Kady nickte langsam. „Doch, Amina.“ Sie grinste wieder. „Doch. Ich fordere dich in aller Form heraus.“

Amina erwiderte ihr Nicken. „Wow, jetzt legst du's aber echt drauf an! Aber … gut. Du hast es so gewollt. Hier ist meine Bitte: Jesus, wenn es dich wirklich gibt, dann komm heute Nacht in einem Traum zu mir – so wie du zu Kady gekommen bist. Das heißt, falls du das wirklich getan hast.“ Amina lächelte süffisant. „Na, war das ein gutes Gebet, Kady?“

„Es ist ein Anfang, beste Freundin. Ich weiß nicht, ob du damit rechnest, dass Jesus dir antwortet, aber … du hast gebetet! Sagst du mir morgen, wie es ausgegangen ist?“

„Ja. Und wenn dein Telefon mitten in der Nacht klingelt, dann weißt du, dass Jesus tatsächlich zu mir gekommen ist.“ Amina lachte schallend. „Mannomann, ich kann's nicht glauben, dass ich deine Herausforderung angenommen hab, Kady! Mir ist das mit der Religion doch eigentlich schnurzegal geworden!“

Kady schüttelte lächelnd den Kopf.

„Ich lege mein Telefon auf den Nachttisch. Allzeit bereit!“

Die beiden umarmten sich zum Abschied und gingen ihrer Wege. Kady wackelte unter ihrer Abaya mit den Hüften und schaute leise lachend noch einmal zurück zu Amina. Dann schickte sie Amina über ihr Handy eine SMS: *Ruf mich sofort an, wenn er bei dir war!*

Um sieben Uhr am nächsten Morgen wachte Kady auf und begann den Tag mit einem Seufzer. Amina hatte nichts von sich hören lassen.

Sie stand langsam auf und ging, noch schlaftrunken, zum Frühstück ins Erdgeschoss hinunter. Als sie in die Küche trat, begrüßten ihre Eltern sie im Chor: „Guten Morgen, Kady!"

Basima Qureshi zog unter dem Frühstückstisch einen Stuhl für ihre jüngste Tochter hervor.

„Kady, was war mit dir los gestern Abend? Du hättest einen Krieg nicht mitbekommen, so müde warst du. Geht es dir gut?"

„Hab ich so fest geschlafen?", fragte Kady, etwas durcheinander.

„Das kann man wohl sagen. Amina hat mich gerade angerufen und gesagt, dass sie die ganze Nacht versucht hat, dich zu erreichen. Ihr Mädchen seid echt eine Nummer mit euren Anrufen, manchmal um drei Uhr morgens! Sie erwähnte etwas von einem komischen Traum. Hast du wieder vergessen, dein Telefon aufzuladen, Spatz?"

Kady sprang von ihrem Stuhl hoch und packte das Telefon ihrer Mutter. „Kann ich eben schnell einen Anruf machen, Mama?"

Basima nickte noch, während ihre Tochter längst gewählt hatte.

„Amina! Tut mir leid, dass ich deinen Anruf verpasst hab." Kady hielt das Telefon so fest in der Hand, dass sie aus Versehen den Lautsprecher einschaltete.

„Meinen Anruf?" Aminas Stimme wurde sarkastisch. „Meine Anrufe, meinst du wohl. Von eins bis um fünf hab ich deine Nummer gewählt und dir SMS geschickt. Fast wäre ich zu dir gekommen und hätte Steinchen gegen dein Fenster geworfen.

Er ist gekommen, Kady, er ist tatsächlich gekommen!"

„*Wer* ist gekommen?", fragte Kadys Mutter, die das Gespräch, das man in der ganzen Küche hören konnte, neugierig machte. „Wer war das, Amina? Hat dich ein Verwandter überrascht?"

„Guten Morgen an meine zweite Mutter!", rief Amina.

„Du brauchst nicht zu schreien, Amina! Diesmal bist du die Laute." Kady begann zu grinsen. „Upps! Ich hatte den Lautsprecher eingeschaltet."

„Also: Wer ist gekommen, Amina?" Basima ließ nicht locker.

„Ein neuer Freund."

„Ach, so … Ich hoffe … Wenn es ein Mann war … Ich hoffe, deine Eltern wussten, dass jemand dich besuchen wollte?" Basimas Augenbrauen zuckten wild in die Höhe.

„Keine Bange." Aminas Ton wurde beruhigend. „Meine Eltern waren zu Hause. Danke, dass du dich immer so um mich kümmerst, Basima, du bist ein Schatz!"

Kady nickte ihrer Mutter gespielt schüchtern zu, schaltete den Lautsprecher aus und ging aus der Küche. Während sie die Treppe zu ihrem Zimmer hinaufging, fuhr Amina fort.

„Kady, du bist mir eine! Erst antwortest du nicht, und dann schaltest du den Lautsprecher ein, sodass die ganze Familie mithören kann! Das nenn ich 'ne reife Leistung!"

„Du hast ja recht. Irgendwas stimmt nicht bei mir heute." Kady zuckte lachend mit den Achseln. „Um neun in unserem Café?"

## Der Gott, der mich sieht

Kady war bei ihrem zweiten Karamell-Macchiato angekommen. Die sonst so schwatzhafte junge Frau war ausnahmsweise sprachlos. Wenn sie ihren Mund öffnete, dann nur, um den nächsten Schluck von ihrem Kaffee zu nehmen.

Amina war dabei, ihren Traum von Jesus zu berichten. „Kady, gestern Nacht war die beste Nacht meines Lebens. Weißt du, was Jesus zu mir gesagt hat? *Amina, ich bin* El Roi *– der Gott, der dich sieht. Das ist mein Name, das ist das, was ich bin. Ich habe dein Rufen gehört. Ich höre dich und ich sehe dich, Amina.*

Und dann hat er mir gesagt, dass er mich liebt! Ich habe seine Worte verschlungen und wollte nicht, dass er wieder ging." Amina schloss kurz die Augen, die Erinnerung an ihren Traum genießend. „Glaubst du, dass er wiederkommen wird, um mich zu besuchen?

Jesus *sieht* mich, Kady! Er liebt mich!"

Kady sprang vor Begeisterung von ihrem Stuhl hoch und beugte sich über den Tisch in der Ecke des Cafés zu Amina hin.

„Ich wusste es doch, dass er zu dir kommen würde! Obwohl du ein ungläubiger Thomas warst."

„Was ist ein ‚ungläubiger Thomas', Kady? Den Ausdruck habe ich noch nie gehört."

„Das wird sich bald ändern, Amina. Heute Abend werden wir beiden zu einer meiner Lieblingsadressen gehen."

„Wir?"

„Jawohl, meine Liebe! Wir gehen zum ‚Brunnen'." Kadys Augen blitzten.

Amina erhob sich und zuckte mit den Achseln, ihr Gesicht ein Fragezeichen.

„Meinst du einen Brunnen in der Wüste? Den Brunnen Zamzam, zu dem Allah Ismael führte?"

„Nein, nicht den, Amina. Aber mach dir keine Sorgen. Zu so einem Brunnen bist du noch nie gegangen, da bin ich sicher. Von deiner Wohnung aus kann man dorthin laufen. Ich bin um acht bei dir, okay?"

Diesmal war es Amina, die unter ihrer Abaya mit den Hüften wackelte, während sie aus dem Café trippelte.

Um Punkt acht Uhr traten Amina und Kady auf den Bürgersteig vor Aminas Wohnung hinaus. Sie gingen mehrere Straßen weit, bevor sie in eine Seitenstraße einbogen. Kady führte Amina auf einem Zickzackkurs mal eine Straße nach links, mal nach rechts, bis das halbe Dutzend voll war, dann machte sie eine regelrechte Kehrtwendung. In der Mitte des nächsten Blocks betraten sie ein gewöhnliches Mietshaus.

Drei Treppen weiter oben nahm Amina Kadys Arm. „Ich dachte, wir gehen zu einem Brunnen." Sie zeigte die letzten paar Stufen nach oben. „Wer wohnt da?"

„Da trifft sich heute Abend der ‚Brunnen', Amina. Ein absolut sicherer Ort. Warte hier kurz, okay?"

Kady stieg den Rest der Treppe hinauf und klopfte mehrmals kurz an die Wohnungstür. Sie zählte bis zehn, dann sagte sie, so laut, dass man es in der Wohnung hören konnte: „Vorwärts, Real Madrid!"

Ein Passwort! Aminas Augen wurden groß. Die Tür öffnete sich prompt.

„Komm rein, Kady! Das wird ein tolles Spiel heute Abend. Real Madrid gegen Barcelona! Ich hoffe, du bist für Real Madrid, meine Liebe."

Amina folgte Kady in die Wohnung. Drinnen saßen fast zwei Dutzend Männer und Frauen zwischen zwanzig und dreißig auf dem Fußboden. In einem Fernseher an der gegenüberliegenden Wand lief ein Fußballspiel. Nanu, was sollte das?

Der Mann, der die beiden hereingelassen hatte, schloss die Tür wieder und verriegelte sie, dann stellte er sich Amina vor. Er hieß Ziad. Er bedeutete den beiden, sich zu setzen. Kady stellte Amina den anderen vor, und die scheinbaren Fußballfans begannen, sie mit Fragen zu löchern.

„Bist du auf der Suche, Amina?"

„Was bringt dich hierher?"

„Hast du einen Jesus-Traum gehabt?"

Schließlich erklärte eine Frau: „Kady hat uns von dir erzählt."

Amina war irritiert. „So, hat sie das? Aber jetzt hab ich auch mal eine Frage. Sehen wir uns hier ein Fußballspiel an? Kady hat mir gesagt …"

Ziad unterbrach sie lachend. „Nein, Amina. Das Spiel ist nur zur Tarnung. Wir sind hier, um Jesus anzubeten. Da wir hier in Mekka sind, ist so ein Treffen lebensgefährlich. Aber Fußballspiele anschauen ist nicht verboten, also lassen wir das Spiel an."

Ziad al-Jihad zog ein Smartphone aus seiner Gesäßtasche und winkte damit den anderen zu. Eine Hand in der Nähe des Fernsehers ging an das Gerät und drehte die Lautstärke höher, während die Gruppe einen engen Kreis auf dem Fußboden bildete.

Ziad sagte: „Der Heilige Geist hat mir Folgendes aufs Herz gelegt zum Lesen heute Abend."

Handy-Displays begannen zu leuchten, und Ziad gab das Signal: *Linke Faust, ein Finger, dann sechzehn Finger.* Ohne ein Wort riefen zweiundzwanzig Personen die Bibelstelle in ihrem Smartphone auf: Altes Testament, das erste Buch Mose und dann das 16. Kapitel. Das Treffen der Untergrundkirche in Mekka hatte begonnen.

Jeder Teilnehmer las das Kapitel auf seinem Handy. Amina beugte sich möglichst nah zu Kady, um auf ihrem Smartphone mitzulesen. Nach ein paar Minuten hatte jeder in der „Gemeinde" den Text gelesen und begann, sich leise mit seinem Sitznachbarn zu unterhalten.

Kadys Stimme war kaum hörbar, als sie Amina sagte: „In diesem Kapitel habe ich gelernt, dass Hagar alleine in der Wüste war – eine verachtete Frau, die nicht wusste, wohin. Aber der Herr *sah* sie. Und er *hörte* sie." Sie flüsterte Amina ins Ohr: „Im Alten Testament bedeutet eine Begegnung mit dem Engel des Herrn einen Besuch von Jesus."

Kady zeigte mit dem Finger auf die Worte auf dem Bildschirm ihres Smartphones. „Hier, schau dir Vers 13 an. Er hat Hagar sogar erlaubt, ihm einen Namen zu geben: ‚Du bist der Gott, der mich sieht.' So hat sie ihn genannt."

Sie umarmte ihre beste Freundin und fragte dann: „Also, Amina, was hast *du* gerade aus 1. Mose 16 gelernt?"

Amina schaute mehrere Sekunden geradeaus, dann sank sie an Kadys Schulter und begann zu weinen.

„Das ist so toll, dass ich hier sein darf! Erst der Traum von Jesus, und jetzt bin ich hier unter all diesen Menschen, die einander liebhaben, als ob sie eine Familie sind! Mein Herz ist noch nie so glücklich gewesen, Kady."

Sie schüttelte langsam den Kopf und staunte. „Was ich gelernt habe? Weil ich eine Muslima bin, bin ich eine Tochter Hagars. Jesus ist nicht nur zu ihr gekommen, sondern auch zu *mir*. Wir haben uns beide gefragt, ob Gott uns sieht. Und er *sieht* uns, Kady! Wir sind Frauen, und trotzdem sieht er uns … und liebt uns." Sie unterbrach sich, dann fuhr sie fort: „Im Koran nennt Allah noch nicht einmal Hagars Namen, aber in der Bibel ist Hagar von Gott geehrt und geliebt und darf ihm sogar einen seiner Namen geben. Kannst du das glauben? Ich kann das schier nicht fassen. Ich bin so erleichtert! Wie wunderbar, dass Jesus uns liebt!"

Als das Flüstern verstummte, begann das Singen – der Gesang der Untergrundkirche. Die Versammelten formten ihre Lippen zu den Texten der Lieder, aber sie sangen nicht laut. Amina ließ ihren Blick durch den Raum schweifen. Lauter lächelnde Gesichter, die die Worte von ihren Smartphones ablasen. Sie taten es alle gleichzeitig, ganz auf Jesus konzentriert.

Diese Christen sangen aus voller Kehle – in ihren Herzen. Die Worte kamen nicht über ihre Lippen. Die Nachbarn hatten keinen Schimmer, was unter diesen „Fußballfans" vorging, aber *mitten in Mekka wurde Jesus gepriesen*. Amina sang mit, mit einer Leidenschaft, die Kady noch nie an ihr gesehen hatte, wenn sie sang. „Du bist ein guter, guter Vater."

Mehrere der Anwesenden begannen zu weinen angesichts der spürbaren Gegenwart Jesu Christi. Ziad verschickte eine SMS, die den Gottesdienst unterbrach, und flüsterte Bassem, der neben ihm saß, etwas zu. Der flüsterte es an seinen anderen Nachbarn weiter, und so ging die Botschaft durch den ganzen Kreis, bis sie Amina erreichte. Als sie Ziads Worte hörte, begann sie zu weinen wie ein Neugeborenes.

Der „Brunnen", der erfahren war im Umgang mit allzu emotionalen Augenblicken, schaltete sofort in den vollen Sicherheitsmodus und begann, Real Madrid mit lauten Rufen und Händeklatschen anzufeuern, damit die Nachbarn Aminas lautes Schluchzen auch bestimmt nicht hören konnten.

Ein paar Minuten später schickte Amina, die immer noch weinte, die folgende Botschaft an Kady: „Der Name, mit dem Hagar Gott im Hebräischen ansprach – *El Roi, der Gott, der mich sieht* – ist der wunderbare Name, den sie selber wählte."

Und dann fügte sie ihren eigenen Kommentar an: „Kady, das ist genau das, was Jesus mir in meinem Traum sagte. Er sagte: *Amina, ich bin* El Roi, *der Gott, der dich sieht. Das ist mein Name. Das ist das, was ich bin. Ich höre dein Rufen. Ich höre dich, und ich sehe dich, Amina.* Und dann sagte Jesus mir, dass er mich liebt. Wie kann es sein, Kady, dass beim allerersten Mal, wo ich in der Bibel lese, sie meine tiefsten Fragen beantwortet? Und nicht nur das, sondern die Worte, die Jesus mir in meinem Traum sagte, sind genau die Worte, die wir heute Abend gelesen haben. Das ist gewaltig, das kann kein Zufall sein!"

Kady und Amina umarmten sich weinend.

Dann flüsterte Kady ihrer Freundin ins Ohr: „Er ist zu dir gekommen, Amina. Er sieht dich. Als du noch nicht geglaubt hast, dass er deine Gebete erhören würde, hat er es schon getan. Du hast einmal zu ihm gebetet, und dann hat er all dies für dich getan."

„O, Kady, ich habe noch nie so viel Liebe in einem Zimmer gespürt wie heute unter diesen Leuten. Männer und Frauen, die gemeinsam Jesus anbeten!"

Zwei Stunden später bat Amina Kady, mit ihr zu beten, weil sie Jesus als ihren Erlöser annehmen wollte. Die Hände von zweiundzwanzig Menschen lagen auf Aminas Kopf, während sie sich durch das Gebet schluchzte.

## Töchter des Königs – in Mekka

Mehrere Monate lang gingen Kady und Amina in den „Brunnen", jede Woche in eine andere Wohnung. Ihre Gemeinde war eine von fünfzehn geheimen und wachsenden Hauskirchen in der heiligsten Stadt des Islam. Die Gruppen hatten nicht nur den Glauben an

Christus, sondern auch gewisse Sicherheitsvorkehrungen gemeinsam. Wenn sie auf ihren Smartphones die Bibel gelesen hatten, „versteckten" alle Teilnehmer anschließend die verräterischen Texte mit einer App, sodass ein Fremder sie nicht auf den Bildschirm holen konnte.

Um noch mehr Gemeinschaft miteinander zu haben, machten Amina und Kady in den Mittagspausen gemeinsame Spaziergänge. Sie arbeiteten beide im Jabal Omar Hyatt Regency Makkah Hotel. Da das Hotel gleich gegenüber der Großen Moschee lag, waren sie immer auf der Hut. Damit niemand sie belauschen konnte, benutzten sie eine Geheimsprache, um sich darüber zu unterhalten, mit welchen Bibeltexten sie sich gerade beschäftigten. Später, wenn die Luft rein war, las dann jede den Bibelabschnitt, den die andere genannt hatte.

Diese Gespräche konnten zum Beispiel so klingen: „*Jamal* hat mir etwas gesagt, was du *unbedingt wissen* musst. Er hat mir *um vier eine E-Mail* geschickt. Die *Früchte sind bald reif.*"

Was im Klartext hieß: „*Jesus* hat mir gesagt, ich soll dir etwas aus *den Evangelien* sagen, aus *Johannes, Kapitel 4:* ‚Blickt euch einmal um und *seht euch die Felder an. Sie sind reif für die Ernte!*'" (Johannes 4,35 (NGÜ), Hervorhebung von den Autoren)

Worauf Kady sagte: „Amina, ich glaube, in Mekka werden bald große Dinge geschehen. Es wird eine reiche Ernte geben, genau wie Jamal es sagt."

Nach diesem Gespräch gingen die beiden Freundinnen sechs Wochen lang jeden Tag betend um die Große Moschee herum. Sie baten Gott darum, dass Millionen Christen während des *Hadsch* für die Muslime beten würden. Und dass Christen, die früher Muslime waren, nach Mekka kommen würden, um dort während der *Hadsch*-Woche zu beten.

Während einem ihrer Spaziergänge schaute Amina sich zweimal vorsichtig um, ob ihnen auch bestimmt niemand zuhörte. Dann fragte sie: „Kady, ist dir auch schon aufgefallen, dass die muslimischen Länder uns geradezu helfen, das Evangelium von Jesus zu verbreiten? Auf unseren Pässen steht ‚Muslim'. Das bedeutet, dass auch wir Christen zum *Hadsch* nach Mekka kommen und beten können, als wenn nichts wäre. Kein Nichtmuslim hat solch einen Pass. Wenn wir nicht in einem islamischen Land leben würden, könnten wir das nicht tun. Wäre es nicht toll, wenn dieses Jahr hundert Ex-Muslime nach Mekka kämen, um zu beten?"

Kadys Augen wurden groß. „Mensch, Amina, du hast recht! Lass uns dafür beten, dass Christen aus der ganzen muslimischen Welt den Mut haben, zum *Hadsch* nach Mekka zu kommen, um zu beten." Sie sah ihre Freundin an. „Gehen wir beide auch hin?"

Amina lächelte. Kady wusste ihre Antwort schon.

„Das lasse ich mir nicht entgehen!"

## Aktion „Beten an der Kaaba"

Am Abend vor dem großen Ereignis traf sich der „Brunnen" zum Gebet, und alle 22 Glieder der Hausgemeinde sagten zu, beim *Hadsch* dabei zu sein und um Durchbrüche für das Evangelium in der muslimischen Welt zu beten. Die Flüstergebetsrunde an diesem Abend war elektrisierend.

Als Kady sich zu Hause zum Schlafen fertigmachte, schaute ihre Mutter kurz in ihr Zimmer.

„Morgen ist der erste Tag. Gehst du hin?"

Kady lächelte ihre Mutter an. „Das lasse ich mir nicht entgehen, Mama."

Kady kam zusammen mit Amina, Ziad und den anderen aus dem „Brunnen" zu der Prozession um die Kaaba. Dort teilten sie sich so auf, dass jeder sich zu einem anderen Zeitpunkt dem Pilgerstrom anschloss, sodass die Gebete möglichst breit „gestreut" waren. Was sie vorhatten, war einfach: Sie würden für jeden Pilger, den sie sahen, beten.

*Herr, lass dein Wort alle diese Menschen erreichen, die dich so dringend brauchen.*

*Jesus, begegne du diesem Mann in seinen Träumen.*

*Jesus, zeige dieser Frau die Wahrheit.*

*Vater, zieh diese verlorenen Seelen zu dir. Diesen, Vater, und den dort …*

*Dieser Mann in dem Rollstuhl da – heile ihn, Herr, zu deiner Ehre.*

*Offenbare deine Heiligkeit jeder verlorenen Seele hier, o Heiland und Erlöser.*

Jeder von ihnen wusste: Wenn hier beim *Hadsch* ein Nachfolger Jesu Christi entdeckt würde, wäre dies sein Todesurteil. Kady und Amina hatten trotzdem dafür gebetet, dass einhundert ehemalige Muslime so mutig sein würden, hierher nach Mekka zu kommen, um während des Hadsch zu beten. Womit sie nicht gerechnet hatten, war, dass ihr Gebet für Gott zu klein war.

Die Christen aus dem „Brunnen" waren bei der Großen Moschee nicht die Einzigen, und Kady war auch nicht die einzige Gebetskämpferin, die ihre erste Kaaba-Prozession als Nachfolgerin Christi überstand. Erst später fanden sie und Amina heraus, dass auf dem diesjährigen *Hadsch* über sechstausend Christen vor Ort gebetet hatten.

## Ende einer Familienidylle

Nachdem sie durch das Untergrundkirchen-Netzwerk erfahren hatte, dass Tausende heimliche Christen Mekka besucht hatten, war Kady überglücklich. Sie konnte es schier nicht fassen, dass Gott gläubige Christen unter die zwei Millionen muslimische Pilger eingeschleust hatte, die die Kaaba umrundeten. Es war keine Gebets*gruppe* für Jesus gewesen, sondern ein ganzes Gebets*bataillon*.

Nachdem sie beim Hadsch das Wehen des Geistes Gottes erlebt hatte, war Kady überzeugt: Gott würde fraglos noch mehr Gebete für die Bekehrung von Muslimen zu Jesus erhören. Auf einem der nächsten Mittagsspaziergänge, kurz nach dem *Hadsch*, weihte sie Amina in einen wagemutigen Plan ein.

„Es ist Zeit, Samen auszusäen. Ich kann den Gedanken nicht ertragen, dass meine ganze Familie die Ewigkeit ohne Gott verbringen wird. Ich bitte Jesus gerade darum, den Geist des Islam zu durchbrechen und ihre Seelen zu retten. Bitte bete heute Abend für mich, dann will ich nämlich mit ihnen reden." Sie sah Amina entschlossen an. „Ich habe keine Angst."

Die Qureshi waren eine normale muslimische Familie, die ihren Glauben ernst nahm und obendrein außerordentlich wohlhabend war. Aber wie die meisten Bewohner im spirituellen Zentrum des Islam waren sie genervt vom Alltag in Mekka. Der Verkehr, den die zwei Millionen Besucher pro Jahr mit sich brachten, konnte selbst in den eifrigsten Muslimen die Sehnsucht nach einem ruhigeren Dasein in den Wüsten des saudischen Königreiches wach werden lassen. Doch der Nimbus der uralten islamischen Wurzeln hatte die Familie Qureshi seit Generationen an Mekka gebunden. Es war für sie undenkbar, an irgendeinem anderen Ort zu leben als im geistlichen Epizentrum der Religion, auf die sie so stolz waren.

Die Qureshi waren eine bekannte Familie in Mekka. Die lange Reihe der Geistlichen und der reichen Geschäftsleute in ihren Reihen war ein Teil der Kultur der Stadt. Und so war Kady, trotz all ihrer inneren Vorbereitung seit ihrem Mittagspausengespräch mit Amina, selbst erschrocken von der Frage, die sie beim Abendessen ihren Eltern unvermittelt stellte.

„Mama, Papa, fragt ihr euch manchmal, ob Allah euch zuhört, wenn ihr betet?"

Es war schon schlimm genug, dass sie an dem Tag nicht zum Freitagsgebet in der Moschee gewesen war. Als Antwort auf ihre Frage senkte sich ein eisiges Schweigen über den Tisch, bestimmt eine ganze Minute lang. Die Augen von Wahhab und Khaled, ihren beiden älteren Brüdern, begannen zu lodern, aber ihr Vater kam ihnen zuvor.

„Wie meinst du das – *ob Allah uns zuhört*?" Kareem Qureshis Stimme war leise, aber nicht lange. Mit jedem Satz wurde er lauter. „Kady, wir leben in der Stadt, in die unsere muslimischen Brüder strömen, weil es *die* heilige Stadt ist. Hier erhört Allah alle unsere Gebete. Wie kannst du es wagen, so eine Frage zu stellen?"

Kareems Zornesausbruch trübte die Stimmung des ganzen Abends. Es wurde nicht mehr viel gesprochen, aber als nach dem Nachtisch Wahhab und Khaled leise durch die Hintertür nach draußen verschwanden, begann Kady, das Schlimmste zu befürchten.

Ein paar Tage danach war man im „Brunnen" in Feierstimmung, als das letzte heimliche Klopfsignal ertönte. Es war Amina, die Verspätung hatte, weil sie Überstunden gemacht hatte. Den ungebetenen Gast, der direkt hinter ihr in Ziads Wohnung schlüpfte, hatte sie gar nicht bemerkt.

„*Hallo!* Darf ich dazukommen?"

Die Stimme hinter ihr war um einiges lauter als bei den Gliedern der Gemeinde üblich, und in dem Sekundenbruchteil, bevor Amina sich umdrehte, bemerkte sie zwei Dinge: Die Stimme kam ihr bekannt vor, und Kady, die in ihre Richtung schaute, war blass geworden. Aber Ziad blieb angesichts des Fremden, der da plötzlich in der Tür stand, die Ruhe selbst.

„Ich bin Khaled Qureshi. Und Sie sind …?"

„Ziad al-Jihad." Der Gastgeber lächelte. „*Hallo*! Komm, fühl dich wie zu Hause, Bruder. Ich hoffe, du bist auch ein Fußballfan? Bist du mit Kady da hinten verwandt?"

Bevor Khaled reagieren konnte, durchquerte seine Schwester, die sich wieder gefasst hatte, mit ein paar Schritten den Raum und umarmte ihren Bruder. Er war ohne Zweifel gekommen, um ihr nachzuspionieren, aber Ziads Besonnenheit half ihr, gute Miene zum bösen Spiel zu machen.

„Khaled, was für eine Überraschung! Sei willkommen. Du wirst dich hier zu Hause fühlen, großer Bruder. Diese Wohnung gehört zu Real Madrid; das Spiel beginnt in zehn Minuten."

Khaled musterte seine Schwester argwöhnisch. „Da hab ich heute Abend ja was ganz Neues über meine Schwester entdeckt: Sie ist ein Fußballfan! Seit wann ist das so, Kady?"

„Ich hätte es auch nicht gedacht, Khaled, aber seit einiger Zeit fasziniert mich das richtig. Karim Benzema ist mein Lieblingsspieler!" Sie zeigte auf ihren Gastgeber. „Ziad allerdings ist eher ein Fan von Sergio Ramos." Kokett sah sie ihren Bruder an. „Kannst du dir vorstellen, was die für Geld scheffeln, Khaled?"

Die Gruppe begriff instinktiv, warum Khaled hier war. Alle verfolgten das Spiel im Fernsehen, während Khaled schweigend dabeisaß. Kadys Bruder schaute sich die erste Halbzeit an, dann ging er und murmelte irgendetwas davon, dass er noch eine andere Verabredung hätte.

Amina huschte ins Nebenzimmer und schaute durch die Gardinen zu, wie Khaled in seinem Auto saß und telefonierte. Erst nach mehreren Minuten startete er den Wagen und fuhr weg. Amina ging zurück ins Wohnzimmer, um den anderen zu sagen, dass die Luft rein war. Ziad und die anderen steckten die Köpfe zusammen.

„Kady, dein Bruder schöpft Verdacht. Und ich kann mir nicht helfen, aber ich spürte irgendwie einen Geist des Bösen, als er hier im Raum war. Ist dein Computer sauber?"

„Klar, da ist nichts drauf. Ich habe alle Sicherheitsvorkehrungen befolgt." Kady war nervös, aber bestimmt.

„Also, der hat dich im Visier." Ziad unterbrach sich, dann fuhr er fort, seine Stimme traurig. „Gesetzt den Fall, deine Verwandten finden heraus, dass du dein Leben Jesus übergeben und den Islam verlassen hast: Würden sie dann versuchen, dich umzubringen? Gibt es irgendwelche Anzeichen dafür?"

Kady atmete tief durch und schaute zur Zimmerdecke hoch, um ihre Gedanken zu sammeln.

„Ich habe davon geträumt, meine Familie zu Jesus zu führen – aber gut, wir sind hier in Mekka, und meine Familie ist sehr bekannt. Viele meiner Vettern und Onkel sind muslimische Geistliche."

Sie dachte nach und schaute Ziad an. „Ja, doch. Sie würden mich umbringen. Oder meinen Namen an Muhammad Saad al-Beshi weitergeben. Er soll einer der besten Scharfrichter von Mekka sein. Das wäre eine richtige Ehre, nicht wahr?“

Kady lächelte trocken. „Habt ihr das letzte Interview mit al-Beshi gesehen? Als er gesagt hat, wie stolz er ist, Allahs Werk zu tun, und dass er nach einer Enthauptung schlafen kann wie in Abrahams Schoß? Er hat sieben Kinder, die ihm angeblich jeden Abend das Schwert reinigen. Ich habe die Fernsehnachrichten gesehen an dem Tag, als siebenunddreißig Menschen geköpft wurden und einer gekreuzigt.“

Mit gesenktem Kopf fuhr Kady langsam und widerstrebend fort: „Mein Vater hat die Hinrichtungen im Fernsehen verfolgt. Er hat geklatscht und gesagt, dass diese Ungläubigen bekommen haben, was sie verdient hätten.“

Sie schaute wieder hoch. „Aber . . . ich bin bereit, für Jesus zu sterben. Darüber bin ich mir klar geworden. Es wäre mir eine Ehre.“

Amina, die aufmerksam zugehört hatte, meldete sich. „Es gibt noch einen anderen Weg, Kady. Es muss nicht mit deinem Tod enden. Was, wenn Jesus dich aus Mekka als Missionarin in den Rest der muslimischen Welt schicken möchte? Hast du schon mal darüber nachgedacht?“

Jeder in dem Raum sann nach über diese unerhörte Möglichkeit, dass es Kady gelingen könnte, aus Mekka zu fliehen, um Gott anderswo zu dienen.

Schließlich nickte Ziad und fasste die Gedanken der Gruppe in Worte: „Amina, ich glaube, Gottes Geist hat gerade durch dich gesprochen. Amen, Schwester!“

## Gate 35

In den Tagen nach Khaleds plötzlichem Auftauchen im „Brunnen“ merkte Kady, wie ihre Brüder immer feindseliger wurden. Und sie war auch davon überzeugt, dass Aminas Bemerkung, dass Jesus sie als

Missionarin aus Mekka hinaus in den Rest der muslimischen Welt rief, prophetisch gewesen war.

Sie begann ohne Umschweife, Pläne zu schmieden. Es begann damit, dass sie ihre Mutter bat, ihr einen Termin beim Zahnarzt der Familie in Dubai zu machen. Das wäre ein plausibler Vorwand, das Land zu verlassen. Kady war nicht bewusst, unter welchem Zeitdruck ihr Missionsprojekt stand, wenn sie ihr Leben retten wollte.

Ihre beiden Brüder hatten vor, ihre Abwesenheit in Dubai zu nutzen, um die ganze Verwandtschaft darauf vorzubereiten, dass sie nach ihrer Rückkehr vom Zahnarzt die Hinrichtung der abtrünnigen Schwester arrangieren würden. Kady wusste davon nichts. Sie wusste nur, dass ihre Freunde – und der Geist Gottes – sie drängten zu gehen und nicht wiederzukommen. Doch dazu müsste sie den Zahnarztbesuch in Dubai vortäuschen.

Zwei Tage nachdem sie ihren Zahnarzttermin bekommen hatte, ging Kady zusammen mit Khaled durch den Terminal Nord des Internationalen Flughafens „King Abdulaziz" in Jeddah (Saudi-Arabien). Kady zeigte auf eine Tür.

„Kahled, ich müsste noch mal auf die Toilette, bevor ich in den Flieger steige. Bin gleich wieder da!" Sie lächelte ihren Bruder an und wollte losgehen.

„Warte, Schwester! Nicht so schnell. Gib mir eben dein Handy." Khaled streckte fordernd seine rechte Hand aus.

Kady, die in diesem kritischen Augenblick keine Auseinandersetzungen brauchen konnte, reichte ihrem Bruder das Telefon. „Gerne. Hier, bitte."

Sie ging in die Toilette und schlüpfte in die vereinbarte Kabine. Da kam sie schon, die geflüsterte Information von nebenan.

„Gate 35."

Die Frau, die ihr die Information gegeben hatte, verließ die Toilette.

Kady zog das helle Kopftuch ab, das nur ihr Haar bedeckte, holte aus ihrer Bordtasche eine schwarze *Abaya*, die bis zu ihren Knöcheln ging, und zog sie sich rasch über. Eine Minute später kam sie aus der

Kabine heraus, stopfte Handtasche, Kopftuch und Bordtasche in den Abfallkorb und schob ihren Pass in die Innentasche der *Abaya*. Am Spiegel blieb sie kurz stehen, um die schwarze *Niqab* über Haar und Gesicht zu ziehen. Still betete sie zu Jesus, ihr voranzugehen.

Durch die Niqab waren nur ihre Augen sichtbar. Gut. Sie drehte sich um und mit pochendem Herzen ging sie zum Toilettenausgang.

Der Heilige Geist erinnerte sie an Jesaja 26,3: „Wer festen Herzens ist, dem bewahrst du Frieden; denn er verlässt sich auf dich." Sie sagte sich den Vers mehrere Male lautlos vor, und als sie hinaus in die Flughafenhalle trat, durchströmte sie ein tiefer Friede.

Sie nickte, als rede sie gerade mit einer der wildfremden Frauen in ihrer Nähe. Für den, der sie sah, war sie eine unter vielen anonymen Frauen in Schwarz. Sie ging direkt an ihrem Bruder vorbei, der ihr eindeutig nach dem Leben trachtete. Khaled bemerkte sie nicht.

Vor Gate 35 wartete Amina, zusammen mit anderen Mitgliedern des „Brunnens". Die Freundinnen fielen sich in die Arme. Kadys schwarz verhüllter Körper zitterte; erst jetzt wurde ihr bewusst, in welcher Gefahr sie eben geschwebt hatte. Ihre Schwestern in Christus – alle in Abayas und Niquabs, falls ihr Bruder sie sah – bildeten einen Kreis um Kady und beteten still zu Jesus, während die Schlange der einsteigenden Passagiere sich langsam vorwärtsbewegte. Kady hatte nicht den Nerv, nach hinten zu schauen, ob womöglich ihr Bruder misstrauisch geworden war und nach ihr suchte; die anderen blickten sich vorsichtig für sie um. Dann traten die Mitglieder des Fluchtteams eine nach der anderen an den Scanner und schoben ihr Bordkarten hindurch.

Kady ging den Flugsteig entlang zur Maschine, einem Airbus A 330. Sie betete für ihre Verwandten, für ihre neue Familie in der Untergrundkirche und für die Menschen in Saudi-Arabien. Eine Kady Qureshi mit verweinten Augen war der letzte Passagier des Fluges 671 der Saudi Arabian Airlines nach Beirut, der in die Maschine stieg.

## Kady berichtet

Unsere Flucht war bis ins letzte Detail geplant, sodass ich erst in das Flugzeug stieg, kurz bevor sie die Tür schlossen. Als Khaled merkte, dass etwas nicht stimmte, waren wir schon gestartet.

Einer unserer Brüder aus dem „Brunnen", Walid, hatte vom Flughafen eine Sondergenehmigung erhalten, die Damen zum Flugsteig zu begleiten. Zur Tarnung hatte er die traditionelle saudische *Dischdascha* (ein knöchellanges Baumwollgewand) angelegt – für den Fall, dass er Khaled begegnete.

Später erzählte Walid uns, dass er beim Verlassen des Terminals mitbekam, wie Khaled eine Putzfrau in der Damentoilette anschrie. Er war allen Ernstes in die Toilette gegangen und hatte, als er mich nirgends finden konnte, die Türen jeder einzelnen Kabine aufgerissen und wieder zugeschlagen.

Wir flogen über das Rote Meer, und ich musste an die Israeliten und ihre Flucht vor dem Pharao denken. Gott hatte mich soeben durch mein eigenes „Rotes Meer" geführt, und auch wenn der Gedanke an das, was ich alles aufgegeben hatte, mich traurig machte, war mein Herz voller Vorfreude auf meinen neuen Auftrag als Missionarin für Muslime.

Mein Vater hinterließ auf Aminas Telefon eine Nachricht für mich. Angeblich war die ganze Familie gerade auf einer Geburtstagsfeier für einen meiner Vetter, und alle vermissten mich und baten mich zurückzukommen. Ich wusste, zu was für einer „Feier" sie wirklich zusammengekommen waren: zu meiner Hinrichtung, weil ich Jesus liebte. Meine eigenen Brüder hatten das geplant. Wie verblendet kann man sein? Aber Jesus hatte andere Pläne für mich!

Es ist so viel passiert seit meiner Flucht aus Mekka. Der „Brunnen" musste noch tiefer in den Untergrund abtauchen; sie treffen sich jetzt außerhalb der Stadt. Aber andere Gemeinden treffen sich nach wie vor in Mekka. Alle sind noch am Leben und dienen mitten in Saudi-Arabien treu dem Herrn.

Khaled und Wahhab suchten mich wie verrückt. Schließlich kamen sie zu dem Schluss, dass ich wohl im Libanon sein musste. Eines Tages, als ich mit einigen libanesischen Christen in Beirut spazieren ging, sah ich sie aus der Ferne und schlüpfte schnell in ein Gebäude. Ich beobachtete sie, bis sie außer Sichtweite waren.

Dem Hass meiner Brüder zum Trotz verspürte ich Gottes Gegenwart und seinen vollkommenen Frieden. Doch nach der Beinahe-Begegnung in Beirut wusste ich, dass es nur eine Frage der Zeit wäre, bevor sie mich fanden, und so verließ ich den Libanon und begab mich in den Westen.

Momentan kommen viele Flüchtlinge aus muslimischen Ländern in westliche Länder; noch nie war die Gelegenheit so günstig, ihnen die Liebe Christi zu bringen. Viele muslimische Immigranten fühlen sich unerwünscht, ungeliebt und unbeachtet; es sind Gefühle, die ich selbst gut kenne.

Als muslimische Frau fühlte ich mich genauso wie Amina, bevor Jesus sie rettete. Manchmal fühlte ich mich, als ob mich keiner sah. Aber El Roi – der Gott, der sieht – sah auf mich und erlöste mich.

Und ich kann euch sagen: Dort, wo ihr wohnt, wünschen sich die Muslime – vor allem die Frauen –, dass jemand sie sieht. Sie fühlen sich schmerzlich unsichtbar, besonders wenn sie die traditionelle muslimische Kleidung tragen.

Unsere christlichen Freunde im Westen sagen gerne: „Die Muslime kommen, die Muslime kommen ... jetzt sind sie da! Was sollen wir jetzt machen?"

Nun, Jesus hat sie in unsere Städte gebracht. Dies ist unsere große Gelegenheit, Muslime zum Glauben an Jesus Christus einzuladen.

Geht auf sie zu, beginnt ein Gespräch. Aus dem Gespräch kann eine Freundschaft werden, und dann könnt ihr ihnen die gewaltigen Worte des Lebens weitergeben, die Jesus uns anbietet.

Ihr Christen in den westlichen Ländern, lasst uns gemeinsam Muslime für Jesus erreichen! Betet mit mir, dass Millionen Muslime in der Welt ihr Leben Jesus übergeben – auch viele meiner Leute in Saudi-

Arabien. Und besonders dankbar wäre ich, wenn ihr auch für meine Verwandten betet.

Ich komme aus Mekka, wo die Religion des Islam vor 1400 Jahren begann. Ich betrachte es als ein riesiges Vorrecht, Muslimen das Evangelium von Jesus zu bringen. Und zu was für Muslimen hat Jesus mich geschickt? Ich staune immer wieder, dass mein Missionsfeld … die USA sind.

> Der Herr aber stand mir zur Seite und gab mir Kraft, sodass ich meinen Auftrag, seine Botschaft allen Völkern zu verkünden, auch bei dieser Gelegenheit in vollem Umfang erfüllen konnte. Und der Herr hat noch mehr getan – er hat mich dem drohenden Tod entrissen! 2. Timotheus 4,17

# Nachwort

# Wenn mich diese Geschichten inspiriert haben – was kann ich selbst tun?

Amerika hat mehr christliche Missionare in die Welt hinausgeschickt als jede andere Nation in der Menschheitsgeschichte. Aber im letzten Kapitel, „Flucht aus Mekka", stellten wir eine ehemalige Muslima aus Mekka vor, die in die USA gekommen ist, um dort Muslime für Christus zu erreichen.

Hätten Sie so etwas erwartet?

Missionare, die *nach* Amerika kommen?

Aber es gibt sie, und es werden immer mehr. Kady gehört zu einer neuen Generation von Christen mit muslimischem Hintergrund, die mit großer Leidenschaft Jesus nachfolgen und seinen Namen bekanntmachen – egal, was es kostet.

## Was wir gelernt haben

Wir haben den Geschichten der mutigen Frauen, die wir in diesem Buch erzählt haben, drei wichtige Lektionen entnommen:

*1. Die Gefahr ist nicht alles – es gibt eine Ewigkeit.*

Dina (aus dem Kapitel „Die schlimmste Ehe in ganz Syrien") versucht mit hohem Einsatz, muslimische Frauen zu erreichen, die in Flüchtlingslagern leben, in denen es von Islamisten wimmelt. Es ist gut möglich, dass sie das eines Tages das Leben kosten wird. Aber davon lässt sie sich nicht beirren. Ihr Glaube hat den Fluchtreflex überwunden.

Wir sprechen gerne davon, dass wir als Christen unseren Blick auf Jesus richten sollen. Dina lebt das mitten in Situationen, in denen andere längst in Deckung gegangen wären. Ihr Motto ist: „Alles Leben ist begrenzt; was zählt, ist die Ewigkeit."

Von Dina können wir die richtige Perspektive lernen. Die Gefahren sind real, aber sie gehen vorüber. Wie ein anderer Freund aus dem Nahen Osten sagt: „Dies ist keine Zeit für christliche Waschlappen." Eine klare Ansage.

*2. Beten Sie um Wunder und erwarten Sie Wunder.*

Im Westen fragen Christen oft: „Glaubst du, dass Gott heute noch Wunder tut?" Was mag Gott wohl denken, wenn er solche Fragen aus dem Munde seiner Kinder hört? Die Männer und Frauen in diesem Buch würden sie nie stellen, denn die Bibel sagt klipp und klar, dass Gott Wunder tut.

Dina und Mohammad fordern uns auf, Wunder regelrecht zu *erwarten*. Jamila, die dem Tod von der Schippe sprang, erlebte, wie ihre gesamte Familie zum Glauben an Christus kam – und das waren lauter fundamentalistische Muslime. Diese Christen zeigen uns, dass Wischiwaschi-Gebete nicht von Gott erhört werden. Wir müssen im Glauben beten und mit Wundern rechnen.

*3. Gebet braucht einen langen Atem.*

Die Frauen in diesem Buch sind Gebets*kämpferinnen*. Wenn Sie mithören könnten, wie sie beten, würde das Ihr eigenes Gebetsleben verändern. Diese Frauen wissen, dass Beten nicht immer sofort zu Ergebnissen führt. Aber Gott ruft uns auf, immer treu und beharrlich im Gebet zu bleiben.

Es kann vorkommen, dass Gott uns jahrelang um etwas beten lässt. Dass die Frauen in diesem Buch in ihrer Situation bleiben und das Chaos um sie herum akzeptieren, liegt nicht nur daran, dass sie anderen das Evangelium bringen wollen; sie wollen sie auch gleichsam mit ihren Gebeten durchtränken. Manchmal kommt die Antwort erst, nachdem aus Gebets*monaten* Gebets*jahre* geworden sind.

Ich (JoAnn) gebe den Menschen gerne Micha 7,7-8 (LÜ) weiter. Es sind zwei wunderbare Bibelverse, voll von einer Hoffnung, in der wir Ruhe finden sollen:

> Ich aber will auf den HERRN *schauen*
> und *harren* auf den Gott meines Heils;
> mein Gott wird mich erhören.
> Freue dich nicht über mich, meine Feindin!
> Wenn ich auch darniederliege, so werde ich wieder aufstehen;
> und wenn ich auch im Finstern sitze,
> so ist doch der Herr mein Licht.
> (Hervorhebungen von mir, JoAnn).

Beten ist wie ein Schaukelstuhl. Wir sitzen da und schaukeln hin und her, während wir mit unserem himmlischen Vater über das reden, was unser Herz bewegt. Erst schaukeln wir nach vorne, nach links und rechts schauend, und fragen uns selbst und den Herrn: „Ist dies der Tag, an dem Gott mir antwortet?“ Wir *schauen* auf Gott: Was wird er uns geben? Und wenn wir sehen, dass die Erhörung noch nicht kommt, schaukeln wir wieder zurück und *warten* weiter auf Gottes perfektes Timing. Unsere Hoffnung hat ein festes Fundament: Gottes Zusage, dass er uns erhört. Und so schaukeln wir weiter hin und her, immer wieder erfrischt durch Gottes Gegenwart. Wir halten erwartungsvoll Ausschau nach seiner Antwort, und dann warten wir wieder und lassen ihn arbeiten. Und eines Tages, wenn wir wieder einmal voller Hoffnung ausschauen, wird Jesus uns unseren Herzenswunsch erfüllen – auf eine Art, die wir uns nicht hätten vorstellen können (vgl. 1. Korinther 2,9).

## Die harte Realität

Die drei Lektionen, die wir gelernt haben – dass die Gefahren vorübergehen, dass wir um Wunder beten und sie erwarten sollten und dass Gebet einen langen Atem braucht –, sind für diese Frauen Gottes ein unbedingtes Muss, wegen der Realität, mit der sie täglich konfrontiert sind.

Am Anfang dieses Buches erwähnten wir, dass die Vereinten Nationen 1979 das „Übereinkommen zur Beseitigung jeder Form von Diskriminierung der Frau (CEDAW)" verabschiedet haben. Diese Konvention ist mittlerweile über vierzig Jahre alt.

CEDAW wird auch als internationale Freiheitsurkunde der Frauen bezeichnet. Hauptziel der Vereinbarung ist die Beseitigung von Sitten und Vorurteilen, die auf der Vorstellung basieren, dass Frauen weniger wert seien als Männer. Die Konvention zielt auch auf die Abschaffung jeder Art von Menschenhandel, Prostitution und Gewalt gegen Frauen sowie auf die Freiheit der Frau, sich ihren Ehepartner selbst auszusuchen.

Im Dezember 2019 lehnten mehrere palästinensische Familienclans in der West Bank diese Konvention ab, obwohl sie seit vierzig Jahren in Kraft war. Ihre Begründung: Die Bestimmungen der Konvention seien *unvereinbar mit der islamischen Religion.*

Leider sind diese Clans nicht die Einzigen, die so denken. In muslimischen Gebieten mit fundamentalistischer Prägung entspricht diese Einstellung der überlieferten Tradition der Väter. Die Männer beherrschen, kontrollieren und dominieren die Frauen, und dies beginnt mit der ersten „Männerbeziehung", die eine Frau in ihrem Leben hat: der *zu ihrem eigenen Vater.*

Seit dem Sündenfall Adams und Evas im Garten Eden hat der Teufel es auf die Frauen abgesehen. Damals verurteilte Gott den Satan, weil er Eva betrogen hatte – der Startschuss für den heute noch tobenden Krieg Satans, der sich an den Frauen rächen will. Eine seiner Strategien besteht darin, den Frauen einzureden, dass sie die Liebe ihrer irdischen Väter ebenso wenig verdient haben wie die Liebe ihres himmlischen Vaters.

Nichts könnte weiter entfernt sein von der Wahrheit, aber der fundamentalistische Islam bestärkt die Menschen noch in diesem Denken. Für die Frauen bedeutet das unweigerlich eine lähmende seelische Sklaverei.

Viele muslimische Frauen haben in ihrem Leben immer wieder männliche Dominanz, Kontrolle und Herrschsucht erlebt. Es ist gut nachvollziehbar, dass auch ihre Vorstellung von Gottes Charakter darauf basiert.

## Christ, der Retter, ist da

Kein Wunder, dass Jesus den Frauen in der Welt des Islam begegnet und sie rettet. Sie sind ihm ein Herzensanliegen. Aufgewachsen in einer Kultur, in der sie regelmäßig erniedrigt und ungerecht behandelt werden, erleben diese Frauen zum ersten Mal Respekt, Barmherzigkeit, Gerechtigkeit und Liebe; und all dies in einer Beziehung mit dem Gott des Himmels – ihrem himmlischen, sie liebenden *Vater*.

Wer möchte das nicht auch haben?

Die Frauen, die wir in diesem Buch kennengelernt haben, erlebten die Hölle auf Erden. Männer herrschten über sie, hatten alle Rechte und Privilegien, während für sie selbst kaum Raum zum Leben blieb.

Aber alles wurde anders, als sie Jesus begegneten. Und wie!

Jede dieser Frauen griff entschlossen zu, als sie die Wahrheit über Jesus erfuhr. Als sie ihre Sünden bekannten und Jesus Christus als ihren Erlöser annahmen, begann für diese Frauen ein neues Leben.

Randvoll mit ewigen Belohnungen. Sie sind jetzt Töchter des Königs aller Könige.

Doch die große Mehrheit der Menschen in ihrer Umgebung sieht Jesus nicht als den König aller Könige. Für sie ist er bloß ein Prophet. Dass für Christen Jesus alles bedeutet, wird von den anderen als Abfall vom Islam gedeutet – vom Glauben, von der Familie, von der ganzen Kultur.

Diese Christen haben eine wunderbare Zukunft vor sich, aber ihr gegenwärtiges Leben ist geprägt von extremer Gefahr.

Die drohende Gefahr hat bei ihrer Entscheidung für Jesus keine Rolle gespielt; sie war ein unbedeutendes Detail. Es sind Frauen, die bereit sind, etwas zu riskieren. Frauen, die bereit sind, für Jesus zu sterben. Doch solange sie noch leben, hat er ihnen einen speziellen Auftrag gegeben, nämlich die muslimische Welt mit dem Evangelium zu erreichen.

Wer würde angesichts der für Frauen in der islamischen Welt geltenden religiösen und kulturellen Normen erwarten, dass sie eine entscheidende Rolle in der wachsenden Untergrundkirche spielen? Sie sind Geheimagenten Jesu Christi, weil sie die geistlichen „Torwächter" ihrer Familien sind. Dort in den Familien beginnt ihr Wirken und zieht dann Kreise.

## „Was kann ich dazu beitragen?"

Diese Geschichten von Frauen, die alles – einschließlich ihres eigenen Lebens – riskiert haben, sind Beispiele für die vielen anderen muslimische Frauen, die sich Jesus zuwenden. Was bedeutet das für uns? Gott hat uns dazu berufen, unseren Glauben auszuleben und Salz und Licht für ihn zu sein. Wenn Sie selbst Christ sind, fragen Sie sich vielleicht gerade: „Was kann ich denn tun?" Nun, Sie könnten mit den folgenden drei Dingen anfangen.

1. Überwinden Sie Ihre Ängste!

Warum riskieren diese Frauen bereitwillig ihr Leben für Jesus? Weil sie, die früher nichts zählten, zum ersten Mal in ihrem Leben Liebe und Freiheit erfahren haben. Sie schämen sich des Evangeliums von Jesus Christus nicht; sie haben die Wahrheit von Römer 1,16 in Aktion erlebt.

Wo die gute Nachricht von Jesus Christus an andere Menschen weitergegeben wird, wird die Erlösungsmacht Gottes für jeden, der glaubt, freigesetzt. Den Frauen in diesem Buch ist es ein Herzensanliegen, dass ihre Mitmenschen die Güte Gottes „schmecken und sehen" (Psalm 34,9 (LÜ)). Auch wir können uns dieses biblische Prinzip zu eigen machen, indem wir uns nicht schämen, anderen von Jesus zu erzählen – auch Muslimen, die auf der Suche nach der Wahrheit sind.

Aber wie werden wir unsere Angst vor dem Islam los? Indem wir aufhören, unser Weltbild nur aus der Zeitung und dem Fernsehen zu beziehen. Wir müssen anfangen, Muslime als Menschen wie Sie und mich zu sehen.

Hat die Welt ein Problem mit islamistischen Terroristen? Definitiv ja!

Aber genauso wahr ist, dass die meisten Muslime definitiv *keine* Terroristen sind. Jesus hat gesagt, dass sein Evangelium für alle Menschen da ist, dass er selbst seine Kirche bauen wird und dass alle Mächte der Hölle dieser Kirche nichts anhaben können (vgl. Matthäus 16,18 (NLB)). Er ist gerade dabei, die eisernen Tore des Islam aufzusprengen, so wie er es verheißen hat. Gehen Sie hindurch, haben Sie keine Angst. Jesus geht uns voran.

2. Beten Sie für Muslime, als wenn diese nur noch einen Tag zu leben hätten.

Es gibt einen alten Spruch: „Das Gebet ist der Nerv, der die Hand Gottes bewegt." Aber oft beten wir nicht, weil uns das Gebet nicht *dringend* genug ist. Stellen Sie sich vor, heute wäre der letzte

Tag Ihres Lebens und es gäbe kein Morgen mehr. Würden Sie dann nicht anders beten?

Die Frauen, denen Sie in diesem Buch begegnet sind, zeigen durch ihr Leben, welche Macht die Fürbitte hat. Sie haben erlebt, wie Gott die geistlichen Berge ihres Lebens versetzte und ins Meer warf (vgl. Matthäus 21,21). Wir müssen es ihnen nachtun.

Wenn Sie an einer Moschee vorbeifahren oder vorbeigehen, dann beten Sie darum, dass Muslime zu Christus kommen. Wenn Sie eine voll verschleierte Frau sehen, beten Sie darum, dass Jesus ihr im Traum begegnet, sodass sie keine Ruhe mehr hat, bis sie herausgefunden hat, wer er ist. Bitten Sie Gott, Sie mutiger zu machen beim Weitergeben Ihres Glaubens – auch an Muslime.

3. Seien Sie barmherziger und urteilen Sie weniger über andere. „Gott hat seinen Sohn nicht in die Welt gesandt, um sie zu verurteilen, sondern um sie durch ihn zu retten" (Johannes 3,17 (NGÜ)). Während seines irdischen Wirkens hat Jesus Menschen das Leben gebracht; es war sein Herzensanliegen, dass ihre Ewigkeit sich änderte und ihre Seelen gerettet wurden.

Wenn wir dem Beispiel Jesu folgen, dann ist unser Auftrag auf diesem Planeten nicht, Muslime zu verurteilen, sondern sie zu lieben. Wenn wir diese Perspektive einnehmen, werden wir fähig, barmherzig zu sein.

Wenn Sie eine muslimische Frau sehen (oft sind sie an ihren Hidschabs zu erkennen), zeigen Sie ihr, dass Sie sie wahrnehmen, und beginnen Sie ein freundliches Gespräch. Diesen Frauen hat man eingetrichtert, dass sie ein Niemand sind. Das ist eine Lüge, und jedes Mal, wenn wir sie ignorieren oder bewusst übersehen, bestärken wir sie in dieser Lüge. Wenn Sie die Freundschaft von Muslimen suchen und gleichzeitig die ersten beiden Ratschläge befolgen, werden Sie womöglich der Mensch sein, der den Segen und das Vorrecht hat, sie zum Glauben an Jesus zu führen.

## Wollen Sie noch mehr tun? –

*Sie können sich regelmäßig über unsere Arbeit informieren. Besuchen Sie unsere englischsprachige Website https://unchartedministries.com. Dort nennen wir Ihnen drei Möglichkeiten, wie Sie sich konkret für muslimische Frauen engagieren können.*

1. *Jeden Monat erhalten Sie die neuesten Nachrichten aus unserer Arbeit und können so gezielt für die Frauen in den moslemischen Ländern beten.*
2. *Über „Not Forgotten" – den Frauenarbeitszweig von „Uncharted Ministries" – können Sie diese Frauen direkt unterstützen.*
3. *Sie können englischsprachige Videos über Christen mit muslimischem Hintergrund anschauen, die alles riskiert haben, um Jesus nachzufolgen. (Sie finden sie auf der „Uncharted Ministries"-Website, unter „I Found the Truth".)*

## Jesu Missionsbefehl gilt auch den Muslimen!

Es ist uns eine große Freude gewesen, Sie mit unseren Freundinnen im Nahen Osten bekannt zu machen, den Frauen, die für Jesus alles riskieren. Diese geistlichen Torwächterinnen haben eine Schlüsselposition in Gottes Werk. Wer eine muslimische Frau erreicht, erreicht die muslimische Welt.

Da diese Frauen alle ehemalige Muslimas sind und da die meisten von ihnen nach wie vor in der islamischen „Höhle des Löwen" wohnen, leben sie gezwungenermaßen wie „Geheimagenten für Jesus". Heute, da wir diese letzten Seiten unseres Buches schreiben, ist einer der geheimen Bibelkreise unserer „Uncharted Ministries"-Frauen enttarnt worden. Es ist der Bibelkreis, den ich (JoAnn) in Kapitel 5 besucht habe. Diese Frauen treffen sich in einem fundamentalistischen muslimischen Viertel, und der Islamische Staat hat einen handschriftlichen Aufruf erlassen, alle, die sie jetzt als Christen verdächtigen, zu töten. Ja, der Islamische Staat (IS) ist immer noch aktiv, und er hat recht mit seinem Verdacht: Diese ehemals muslimischen Frauen folgen alle Christus nach. Was für ein Vorrecht, dass wir ihre Geschichten aufschreiben konnten! Bitte beten Sie für sie.

Doch sie lassen sich von den Drohungen nicht beirren. Sie treffen sich jetzt an einem anderen Ort.

Im Westen haben wir es nicht mit den gleichen Problemen zu tun, aber wir brauchen viel Weisheit im Umgang mit den Muslimen, die in unsere Länder ziehen. Und wir brauchen Gottes Herz, das uns aktiv werden lässt.

Machen wir uns eins mit unseren Schwestern draußen in den muslimischen Ländern! Arbeiten wir mit daran, Muslime für Christus zu erreichen, zur Ehre Gottes!

# Danksagungen

Unser größtes Lob geht an Jesus! Denn dein Name und dein Ruhm sind die Sehnsucht unseres Herzens!

Zweitens danken wir den Frauen, deren Geschichten Sie in diesem Buch lesen. Die packenden Berichte darüber, wie Jesus euch gerettet hat und wie ihr ihm jetzt furchtlos dient, haben unser Leben verändert. Wir lieben euch.

Alle Liebe und Ehre gilt auch unserer eigenen wunderbaren Familie. Wenn wir alle zählen, einschließlich unserer sechs Kinder, elf Enkelkinder und diversen Schwiegersöhne und -töchter, kommen wir auf 23 Personen; wir verzichten deshalb darauf, hier jeden namentlich zu erwähnen.

Danke, dass ihr Papa (Poppy) und Mama (Noni) so angefeuert habt. Eure Worte der Ermutigung, euer Beifall und euer Verständnis, wenn wir wieder einmal nicht zu einem Familientreffen kommen konnten, haben dieses aufregende Projekt etwas einfacher gemacht. Wir sind stolz darauf, dass ihr solche Männer und Frauen Gottes seid und eure Kinder in der Verantwortung vor ihm erzieht. Dass wir mit euch zusammen durchs Leben gehen können, ist der größte Schatz unseres Lebens.

Danke, Mama Renda – oder Gigi, wie alle Enkel und Urenkel dich nennen –: Du lebst uns Jesus vor mit deiner Leidenschaft für ihn und mit deinem großen Herzen, das ihm dient und jedem, der dir begegnet, von ihm erzählt.

Ein tiefer Dank geht auch an unsere tollen Kollegen und Kameraden im geistlichen Kampf, die zu unserem „Uncharted“-Team gehören: Tommy, Josh und Jessie, Bruce, Gina, Kathleen, Angel, Candy, Jessica, Laura, Lisa, Sharon, Jeff und Pat sowie Cheri.

Wir reisen gerne mit euch durch die Welt, um das Licht und die Liebe und die Botschaft Jesu unter die Leute zu bringen. Wir stehen tief in der Schuld der einheimischen „Uncharted“-Mitarbeiter in den verschiedenen Ländern des Nahen Ostens. Wir lernen immer wieder neu von euch und eurer Bereitschaft, für Jesus zu leiden und zu sterben. Jeder von euch hat eine Mentalität des „Fußwaschers“, die uns an Jesus erinnert. Danke, dass ihr den Weg mit uns geht.

Tiefe Anerkennung und Dank gebühren auch dem exzellenten Verlag, W Publishing Group, vor allem Debbie Wickwire, Damon Reiss, Paula Major, Alex Woods und Whitney Bak. Danke, dass ihr erkannt habt, wie wichtig es ist, den großen Taten Gottes eine Plattform zu geben, die derzeit in der muslimischen Welt geschehen. Euer Feilen und Helfen wie auch eure Freundschaft bedeuten uns unendlich viel.

Greg Webster, wir danken dir für deine Kreativität und Detailtreue. Danke, dass du uns ins Herz geschaut und geholfen hast, diese erstaunlichen Geschichten Gottes zu seiner Ehre zu Papier zu bringen. Ein Hoch auf dieses unser viertes gemeinsames Projekt!

Danke, David Shepherd, dass du an uns geglaubt und uns den Schubs in die spannende Welt des Schreibens gegeben hast. Ohne dich hätten wir das nicht geschafft.

*Weil für Jesus jede Seele wichtig ist, seid auch ihr uns wichtig.*

# Über die Autoren

**Tom Doyle** ist der Direktor von **Uncharted Ministries**, ein vielseitiger Autor, international gefragter Redner, Pastor, Pioniermissionar und bewährter Reiseführer für Israel und den Nahen Osten. Er ist der Autor von *Träume und Visionen, Im Angesicht des Todes* und *Im Sturm der Verfolgung*. Er ist Absolvent der Biola University und des Dallas Theological Seminary.

**JoAnn Doyle** ist die Gründerin von **Not Forgotten** (dem Frauenarbeitszweig von Uncharted Ministries) und eine international gefragte Referentin, Missionarin und Stimme für die Frauen im Nahen Osten. Sie reist mit Frauenarbeitsteams nach Israel und ins Herz der muslimischen Welt.

**Greg Webster** ist der Mitgründer von New Vantage Publishing Partners und Kreativdirektor der Webster Creative Group. Er hat bei über einem Dutzend Büchern für verschiedene Autoren mitgewirkt und hat einen MA in Theologie des Fuller Theological Seminary sowie einen BA in Journalistik und einen MBA von der University of Georgia.

# Der Dienst von Open Doors

Mehr als 380 Millionen Christen sind heute einem hohen bis extremen Maß an Verfolgung und Diskriminierung ausgesetzt, weil sie sich zu Jesus Christus bekennen. Einigen wird verboten, Gottesdienste zu besuchen oder sich zum Gebet zu versammeln. Andere werden wegen ihres Glaubens inhaftiert, gefoltert oder sogar ermordet. Open Doors setzt sich als überkonfessionelles christliches Hilfswerk seit 1955 für verfolgte Christen ein.

## Wie es begann

Kurz nach seiner ersten Reise hinter den Eisernen Vorhang im Jahr 1955 begann Anne van der Bijl („Bruder Andrew"), auf die Bitte verfolgter Christen hin, Bibeln hinter den Eisernen Vorhang zu schmuggeln. Über seine abenteuerlichen Reisen von Polen bis China berichtet der als „Der Schmuggler Gottes" bekannt gewordene Holländer in seiner gleichnamigen Autobiografie. Heute steht Open Doors verfolgten Christen in mehr als 70 Ländern zur Seite.

## Schwerpunktbereiche unseres Dienstes

- Verteilung von Bibeln und christlichem Schulungsmaterial
- Biblisch fundierte Schulungen wie theologische Ausbildungskurse, Seminare zum Umgang mit Verfolgung und Schulungen für Traumabegleitung
- Hilfe zur Selbsthilfe und Nothilfe für mittellose Christen in der Verfolgung
- Öffentlichkeitsarbeit in Ländern mit Religionsfreiheit mit dem Ziel, Menschen zu mobilisieren, verfolgte Christen im Gebet und anderweitig zu unterstützen.

## So können Sie helfen

Bitte beten Sie für Ihre verfolgten Glaubensgeschwister – das ist das Erste, worum verfolgte Christen bitten. Gerne schicken wir Ihnen hierfür unser kostenloses Monatsmagazin mit persönlichen Berichten, Hintergrundinformationen und Gebetskalender zu: www.opendoors.de/magazin.

Auf unserer Website finden Sie unter www.opendoors.de/mediathek zudem monatlich neue Video- und Audiobeiträge über verfolgte Christen. Gern können Sie auch einen unserer Referenten zu einem Vortrag in Ihre Gemeinde oder Gebetsgruppe einladen: www.opendoors.de/referenten. Wie Sie verfolgte Christen mit einer Spende unterstützen können, erfahren Sie unter: www.opendoors.de/spenden.

**Open Doors Deutschland**
Postfach 11 42
65761 Kelkheim
T +49 (0)6195 6767-0
I www.opendoors.de
info@opendoors.de
Volksbank Mittelhessen
IBAN DE28 5139 0000 0000 7171 77
BIC VBMHDE5F
Facebook: Open Doors Deutschland
Instagram: @opendoorsde

**Open Doors Schweiz**
Lyssachstrasse 136
CH-3400 Burgdorf
T +41 (0) 34 552 07 77
I www.opendoors.ch
schweiz@opendoors.ch
IBAN CH59 0900 0000 3400 4791 0
BIC POFICHBE
Facebook: Open Doors Schweiz
Instagram: @opendoorsschweiz